大家之家

文学卷 3

车吉心 谭好哲 主编

泰山出版社·济南·

图书在版编目（CIP）数据

大家之家. 文学卷. 3 / 车吉心，谭好哲主编. --济南：泰山出版社，2020.1
ISBN 978-7-5519-0563-3

Ⅰ.①大… Ⅱ.①车…②谭… Ⅲ.①作家—列传—世界 Ⅳ.①K811

中国版本图书馆CIP数据核字（2019）第166877号

主　　编	车吉心　谭好哲
策　　划	胡　威　梁晓东
责任编辑	池　骋　王艳艳
装帧设计	路渊源

DAJIA ZHI JIA：WENXUE JUAN 3
大家之家：文学卷 3

出　　版	泰山出版社
社　　址	济南市泺源大街2号　邮编　250014
电　　话	总编室（0531）82022566
	市场营销部（0531）82025510　82023966
网　　址	www.tscbs.com
电子信箱	tscbs@sohu.com
发　　行	新华书店
印　　刷	东港股份有限公司
规　　格	787 mm×1092 mm　16开
印　　张	13.25
字　　数	200千字
版　　次	2020年1月第1版
印　　次	2020年1月第1次印刷
标准书号	ISBN 978-7-5519-0563-3
定　　价	46.00 元

著作权所有，违者必究
如有印装质量问题，请与泰山出版社市场营销部联系调换

编 委 会

主　　编　车吉心　谭好哲

执行主编　尤战生　孙书文　曹成竹　董龙昌

本册作者（按姓氏笔画排列）

　　　　　　于俪婧　田　甜　白天宇　任淑芸　刘馨诏

　　　　　　孙娟娟　李晓晓　陈骄骄　尚晓珺　周思妤

序　言

呈现于读者面前的这套丛书命名为《大家之家》。所谓大家，即世界史上科技文化领域卓越非凡之人物，或曰伟大人物，而大家之家，乃大家曾经所居之所也。

在人类文明的发展史上，涌现出无数堪称大家的人物，他们以其令人景仰的道德品行、永载史册的丰功伟业、博大精深的文化创造，将人类历史的浩瀚长空映照得美丽璀璨。这些文明史上的大家，以各自超凡拔俗的人生业绩，在历史的舞台上展示出生命的奇迹与荣光，也铸就了人类文明的辉煌与魅力，其成就、思想与精神为后人所神往、敬仰以至崇拜，成为泽被后世的永恒精神财富。

诚如19世纪英国著名文学家、社会批评家和历史学家托马斯·卡莱尔所言，伟大人物是历史上的英雄，也是世界历史的精华，世界史上所取得的种种成就都烙刻着他们的创造，在广义上说是他们思想的外化和具体化。因此，追随大家的生命历程，与大家相识相知，以他们为人生的借鉴与楷模，不仅能够领略人类文明的雄壮景观与创造精华，也能够从中获得无穷的人生教益与生命动力。卡莱尔满怀激情地写道："对于这些伟大人物，无论你以什么方式同他们接近，他们都是你有益的朋友。一个伟大人物，尽管他并不十全十美，我们也不能小觑他，从而失去他的帮助。他是一束光，靠近他就使人愉悦欢欣。他是一束耀眼的光芒，照亮了世界上的黑暗；他绝不仅仅是一盏点燃的灯，而是一颗沐浴着上帝的恩泽而闪闪发光的明星；在我看来，这永不熄灭的光芒使人茅塞顿开，令人刚毅坚强，促人英勇崇高。在它的照耀下一切人无不感到愉快，无论何时，人们都不会因此而生倦意。"这段由衷的赞美，也正体现出本丛书为大家立传的用意所在。

当然，历史上的大家也都是尘世中人，他们之所以能够成就其人生与事业之大，不是靠神灵的独特恩宠，也不完全是靠人生的偶然与运气，而主要是靠个人的努力与奋斗。其努力与奋斗的人生轨迹千差万别难以尽述，然而又有殊途同归的相似相同之处可以言说，其中之一便是家对于人生成长与成败所具有的意义。人人都生而有家。家是生命的孕育之地，是人生的成长之所，也是生命的行走驿站，亲情、友情、爱情、乡情都会在家里留下或深或浅的印记，甚至科技发明和文化创造中的苦思与妙想、艰辛与欢欣等等，也往往冥冥之中与家有着不解之缘。因此之故，历史悠久的家会成为物质文化遗存，名人故居更是成为人们倍加珍视的一种文化遗产。这种遗产是一个国家与民族历史文化成就的重要标志，不仅对于研究人类文明的演进具有重要意义，而且对于展现世界文化多样性也具有独特作用。这又是本丛书聚焦于"大家之家"的用意所在。

"大家之家"，既是大家之故居，也是大家之精神所在，还是人们游览与精神朝拜的场所。作为一种独特的历史和文化遗存，大家故居，虽然历经时光淘洗而往往物是人非或旧貌不再，但依然记录并留下了曾居其中的大家日常生活的点点滴滴，沉淀着历史、人文、经济、社会等诸多信息，成为名人精神的象征物，具有无可替代的人文价值和历史意义。本丛书着眼于通过"家"这种有形的文化遗存，来展现人类无形的精神文化遗产，以期达成对青少年甚至一般社会人士进行优秀文化传承教育之目的，从出版的角度也是希望能够在优秀文化传承教育方面另辟蹊径，做出新的探索。

本丛书从读者易于接受的角度考虑，在书写方式上也做了大胆的尝试。全书各篇都从大家的居住之处切入历史，以专业而通俗、轻松而深刻的文字为大家作传，通过对大家的人生故事、辉煌成就及思想创造的描写与评述，带领读者走进大家的成长过程、情感世界及奋斗历程，进而走进大家的精神世界，领略其博大的思想、境界和胸怀。这种写法以"大家之家"作为精神旅游的目的地，由作者作为一个面对读者娓娓道来的精神导游者，大大拉近了普通读者与伟大人物之间的历史与精神距离，避免了读者由于学识不足或专业隔膜带来的阅读障碍。相信每一位智慧而有志向的读者都能通过书中大家的奋斗经历和辉煌业绩，获得生命启示，点燃生命激情，树立远大理想，沐浴着精神的阳光走上人生奋斗之路，攀上人生理想之巅，像书中的大家一样无愧于自己的人生之旅，绽放出生命的大美与崇高！

谭好哲

（山东大学文艺美学研究中心教授、博士生导师）

2019.7

目录

马克·吐温　　　　／ 1

都　德　　　　　／ 18

凡尔纳　　　　　／ 39

左　拉　　　　　／ 60

惠特曼　　　　　／ 81

陀思妥耶夫斯基　／ 99

福楼拜　　　　　／ 124

裴多菲　　　　　／ 145

易卜生　　　　　／ 166

托尔斯泰　　　　／ 184

马克·吐温

英国伦敦有一幢三层的公寓式建筑,这是一幢典型的英式建筑,曾有位伟大的作家与家人一起在这栋称不上气派的街边小楼里,度过了一段愉悦的时光。"他有美丽的灰白头发,不太厚,也不太长,长得刚好。一个罗马式的鼻子,大大增加了他的外形的美。一双和善的蓝眼睛,还有小胡子。他的头和侧面,长得特别好看。他的体型非常好——总之他是特别好看的男子。"①这是一个小女孩眼中父亲的样子。这栋小楼曾经的住客、这个孩子眼中亲切的父亲就是被美国评论家威廉·豪威尔斯称作"美国文学中的林肯"的马克·吐温。这位伟大的作家一生大部分时光都在路上,他的足迹遍布所有大洲,更是欧洲的常客。1878年春天,马克·吐温为了追求清闲自在,便与家人一同前往欧洲做徒步旅行,准备收集材料写一本见闻。在伦敦居住的日子里他结识了许

---

① 马克·吐温. 马克·吐温回忆录[M]. 谭惠娟,陆萍,胡跃明,译. 北京:团结出版社,2006:259.

马克·吐温故居（英国伦敦）

多名流，受到了他们的热烈欢迎，与屠格涅夫进行了几次有意义的会晤，1879年回国后他开始撰写在旅途中的见闻——《欧洲徒步》。

　　密西西比河的河水培育了马克·吐温永不言败的品格，明理和善的父母、温柔贤淑的妻子则帮助他保持着孩子般幽默乐观的心态。他是一个旅者，少年时便怀揣环游世界的梦想，一生中有三分之二的时间都在旅行。他是一个战士，不愿在帝国时代的洪流中随波逐流，即便年事已高，面临丧女之痛，他仍然为反对种族歧视和反对战争而呐喊。当然，他还是一个诙谐幽默的文人，一生著作颇丰，创作出《竞选州长》《艰难历程》《镀金时代》《汤姆·索亚历险记》《哈克贝利·费恩历险记》《王子与贫儿》《百万英镑》等多部脍炙人口的小说。这位被美国著名作家福克纳评价为"他是第一位真正的美国作家，我们都是继承他而来"的文人将他的人生阅历、主张观点全部诉诸笔端，对美国文学史乃至世界文学史产生了深远的影响。

不曾停歇的旅者

在美国密苏里州的汉尼拔小镇有一幢两层木质小楼，它靠近波光粼粼的密西西比河，周围生长着茂密的树木。在这里，马克·吐温度过了快乐的童年时光。房子和街道如今在美国政府的保护下，依然保持着原来的样子。20世纪初，故居作为博物馆对外开放，馆内藏品众多，除了作家小说初稿及私人物品外，还有画家诺曼·洛克威尔为《汤姆·索亚历险记》和《哈克贝利·费恩历险记》创作的插图，每年都有许多文学爱好者慕名前来。虽然马克·吐温在这里度过了一段童年时光，但他不是出生于此。1835年11月，马克·吐温出生在密苏里州一个不起眼的小村子——佛罗里达，那时村子里人口有百人左右，他曾幽默地说："我的出生使村子的人口增长了1%，我的贡献超过了历史上很多杰出的人物对一个小镇所能作出的贡献。"① 马克·吐温出生时身体非常虚弱，但幸运的是这位伟大的作家渡过难关活了下来，成为家里的第6个孩子。父母为了纪念他的祖父，给他取名塞缪尔·兰亨·克莱门斯。他曾问母亲是否怕他夭折，这位幽默的母亲却回答说："不怕，我倒是怕你活下来。"与母亲相比，作家与父亲之间的关系便显得有些疏远。他的父亲约翰·马歇尔·克莱门斯从事律师工作的同时，还经营着一个小商店，可即便这样还是难以维持生计，他父亲的一生一直在为全家的温饱而奔波。

在他4岁时，他的父亲为了让家里的经济宽裕起来，将全家从佛罗里达村搬到了汉尼拔，这是马克·吐温人生中第一次旅行。虽然家庭并不富裕，但父亲在世时，能够维持温饱且家中有仆人，所以童年对于他而言称得上是十分美好的记忆。与幼儿时的孱弱不同，七八岁的马

---

① 马克·吐温. 马克·吐温自传[M]. 姜贵梅，楚春礼，译. 北京：中国书籍出版社，2017：1.

克·吐温身体健壮,能跑能跳,十分活泼且调皮。而汉尼拔又是一个天然的乐园,阳光照映下的密西西比河波光粼粼,它用独有的活力与宽广的胸怀包容着这个过分活泼的男孩;幽深繁茂、充满神秘的森林与生机勃勃、种类繁多的动物激发了他探险的欲望;一群与他一样无所畏惧的小伙伴们同他一起,在这片尚未被完全开发的土地上自由奔跑。这片美丽的土地是一个孩子眼中趣味横生的世界,每天都有新的事物、新的冒险等待着他。童年的所见所感在他的《汤姆·索亚历险记》中留下了鲜明的印记。

在奔流不息的河水与茂密旺盛的森林的陪伴下,马克·吐温快活地长到了12岁。然而自由快乐的时光并没有延续下去,家中发生了不幸——父亲去世了,这可以称得上是晴天霹雳。父亲的去世使得全家人失去了生活保障,本就不富裕的家庭越发捉襟见肘,全家只能靠姐姐帕麦拉教音乐挣得的一点钱来维持生计。从此,他不得不离开学校,开始他的"工作生涯"。他在《密苏里信使报》的印刷所做过一段时间的学徒。那段日子虽称不上流离失所,但也并不美好,在那里他每天都要忍受饥饿,还要在地板上睡觉,好在他是一个乐天派,在那种艰苦的条件下依然平静地接受上天的安排。工作的日子虽然很苦,但他只要稍有闲暇,便会找几本喜欢的书来看,或是呼朋引伴,几个少男少女一起跳舞、聊天、去码头看落日。后来他又到哥哥奥利安的印刷所工作了一阵,在担任排字工的那段时间里,他最大的收获便是从这些文字中汲取营养,这为他以后的写作打下了良好的基础。但排字工的工作并没有持续太久,马克·吐温离开哥哥,前往姐姐、姐夫生活的圣路易斯,依靠他们找了一份工作,同时也开始了一段旅程。这时他还不足18岁。

他在圣路易斯攒了一点钱后便去了纽约,接着他又去了费城、华盛顿等地,每到一个地方他便找一个印刷所工作,为下一站旅行赚取路费。工作之余,他去剧院看戏、在工人图书馆读书,偶尔还会逛展览会或是欣赏建筑。虽然与质朴宽广的汉尼拔有所不同,但这些车水马龙的繁华大都市同样深深地吸引着他。旅行的过程不仅让他增长见识,养成自信的性格,还让他越发明白文化的重要性。但旅行一段时间之后,出于对家人的想念,他搬进了生活在艾奥瓦州的哥哥奥利安的家里,除了在哥哥新开的印刷所干活,他还继续着自己的读书之旅。他被书中描绘的亚马孙河美景吸引,希望自己有一天也能亲身领略到那里的风光。他一向是个"实干家",除了路费,他很快准备好了一切。或许真的是上天垂怜他,有一天他竟幸运地捡到了50美元,虽然这些钱并不足以让他去南美旅行,但他还是决定离开。马克·吐温先到达了辛辛那提市,依旧在一家印刷所干活。第二年春天他乘坐一条开往新奥尔良的小轮船继续前往亚马孙河。但当船开至密西西比河南端时,他突然改变了主意,决定放弃亚马孙河之旅而转做一名领航员。正如马克·吐温曾说,他成为作家纯属偶然,只是在一连串机缘巧合中他决定将自己奉献给文学事业。正是这一个又一个看似毫无准备的决定将他慢慢推上了文学之路。

他从小便听说领航员是一个十分体面的职业,报酬也较为可观,他不想重复哥哥与父亲为生计奔波的生活,而领航员的工作似乎能改变他的命运。终于,他成了一名领航学徒,开始了在密西西比河上飘荡的生涯,幸好他遇到了一个认真负责的老师,几个月后他便出徒了。在从事领航员工作的几年时间里,他最大的收获便是积累了大量故事以及拥有了自己的笔名——马克·吐温(Mark Twain)。"mark twain"是工作在密西西比河上的船员们的行话,船员们用这个词标示河道深有两浔,

故居外景

(约 3.7 米)，这个深度代表着可以通过最大的内河船。由此可以看出，这段水上的生活给他留下了极为深刻的印象。南北战争开始后，领航员平静的生活被打破，马克·吐温离开了他热爱的密西西比河，跟随哥哥前往内华达的卡森城，做了没有报酬与职权的参议员私人秘书。在这里，他结识了格罗什两兄弟，又成为一个淘金者。他时常做着发大财的梦，并告诉家人他将有大笔款项进账，结果却可想而知。后来他不得不

故居一隅

在《地方创业报》做一名记者，但这份工作也没有维持多长时间，他又前往加利福尼亚的旧金山，在《呼声报》做了一名采访员。在这里，他重操旧业寻找金矿，可惜的是他离成为百万富翁还差了一点运气。内战结束后，率直的马克·吐温对自己与国家现状感到十分不满，他想逃离这个国家，争取了加利福尼亚的一家报社派驻檀香山记者的一份工作。在夏威夷的这段时间给他留下了许多美好回忆，这里有"终年蔚蓝的天空，碧绿的草地，神秘的火山，'唱歌的少女'"[①]，这些将他从纷扰的世界中解脱出来。但可惜的是，他不能永远躲在这里过世外桃源般的生活。

从夏威夷返回"监牢"后，他萌生了环游世界的想法，然而苦于经济的困窘，他靠着做幽默讲演人的工作才最终到达纽约。这是他人生中一个非常重要的转折点，在这里他看到一则前往欧洲的广告，一家公司租了一条名为"贵格市号"的轮船，可以载着大家横渡大洋前往地中海。

---

① 门德松. 马克·吐温传[M]. 冀刚，译. 杭州：浙江文艺出版社，1986：113.

虽然费用昂贵，但幸运的是加利福尼亚的《阿尔塔报》决定为他负担船票费用。在此期间，他写了 50 多篇长篇通讯，这些通讯涉及非常多的历史、文化、古迹的描写，为他后来撰写《傻子国外旅行记》提供了素材。旅行结束后，他的通讯稿让他有了一定的名气。除了获得名声外，他还间接寻到了自己的一生挚爱。他在欧洲之旅中认识了一个叫查尔斯·兰登的年轻人——他后来的妻兄，从他那里看到奥莉薇娅的照片后坠入爱河，然而他与兰登一家的经济地位相差悬殊。幸运的是，奥莉薇娅的父亲觉得他是一个可造之才，不仅应允了他们的婚事，还在康尼狄格州的哈特福德置办了一座大宅供他们婚后居住。时间证明了他岳父的识人本领，马克·吐温日后在文学方面取得了非凡的成就，最重要的是，这对夫妻在未来的几十年里一直相互扶持，互相尊重，感情甚笃。

  婚姻让热爱冒险的马克·吐温安定下来，除了在欧洲度过一年外，他们一家一直在哈特福德生活。然而投资失败直至破产打破了他们安宁的日子。在哈特福德生活 20 年后，他们一家有近 10 年的时间旅居欧洲，直到还清债务。这次破产虽然改变了作家 20 年来顺风顺水的生活，但再一次印证了娶到奥莉薇娅是一件多么幸运的事情。在此之前，这位漂亮贤惠的太太只是抚育子女、打理家务，但当家庭的经济面临崩溃时，她表现出的果断与坚毅令他望尘莫及。债务让他感到恐慌时，她决定将属于自己的房子拿出来还债，她不像普通家庭妇女一般手足无措或是急于逃避，而是告诉自己的丈夫："我们要想尽一切办法尽可能多地偿还债务，然后努力工作赚钱，偿还剩下的债务。留得青山在，不怕没柴烧。不用担心，我们会还清每一分钱。"① 而后她又为如何在未来的时间里尽快还清余下的债务制订了计划。作家最后都承认："她有远见、智慧，计算精确，判断准确，而且能够全面地看到问题的各个方面。在我认识

---

① 马克·吐温. 马克·吐温自传[M]. 姜贵梅，楚春礼，译. 北京：中国书籍出版社，2017：316.

的人中,除了罗杰斯先生以外,没有人能赶得上她。"①马克·吐温在《自传》中多次提到他挚爱的妻子:奥莉薇娅除了是他的妻子,还是他的编辑,并且从事这项工作长达三十年。他在文学创作中取得如此杰出的成就,他的妻子功不可没。她去世的日子是他生命中最痛苦的一天,他早年丧父,中年丧子,在送走钟爱的大女儿后,又遭受了爱妻去世的沉重打击。

纵观马克·吐温一生,除了中间20年,他一直坚持旅行,敢于冒险、勇于实践。生活困苦没有让他灰心丧气,身份低微没有成为他奋力攀登的桎梏。即便他亲耳听到"一个人在58岁破产,那么他将有98%的可能一蹶不振"②的评论,他依然要向公众证明哪怕有2%的机会也代表着人生充满希望。正是他从少年时便培养出的坚韧不拔的精神,帮助他在文学创作和人生道路上愈行愈远。

幽默诙谐的文人

幽默中蕴含讽刺是马克·吐温小说的特点之一,就如同他的大女儿苏西描写的:"爸爸写的东西里很少有哪里是没有暗含着幽默的,我从来不觉得他写的东西会没有一点幽默成分。"③而他之所以写出这样的文学作品,是许多因素共同促成的结果。虽然马克·吐温出生时家境堪忧,声名鹊起时又遭遇破产,甚至承受白发人送黑发人的痛苦,但他依然保持着从母亲那里继承来的乐观向上的心态,就如同他一直都是那个在密西西比河河畔嬉戏玩耍的孩子。

即便多年以后他成了丈夫与父亲,也不能改变他孩童般的心态。他在《自传》中常常提到他的家庭生活,其中除了提到奥莉薇娅是他忠实

---

① 马克·吐温. 马克·吐温自传[M]. 姜贵梅,楚春礼,译. 北京:中国书籍出版社,2017:319.
② 马克·吐温. 马克·吐温自传[M]. 姜贵梅,楚春礼,译. 北京:中国书籍出版社,2017:319.
③ 马克·吐温. 马克·吐温回忆录[M]. 谭惠娟,陆萍,胡跃明,译. 北京:团结出版社,2006:273.

的编辑外,他的两个女儿也会帮忙编辑手稿。为了自我娱乐和让孩子们提出意见,他常常故意在手稿中写几个平淡无奇的语句,每当奥莉薇娅要删掉这些文字时,他便动员孩子们与他一同为这些将要被抛弃的部分求情,并向妻子列举出非留下它们不可的理由。此时他的妻子只好手下留情,父女们则为自己的胜利欢呼庆祝。然而当书稿即将出版的时候,马克·吐温就会再偷偷删掉这些文字,多年来他对这样的游戏乐此不疲。

除了活泼的性格和过人的天赋外,他的学习和工作经历也对其文学创作发挥了极为重要的作用。虽然马克·吐温早早离开了学校,但幸好他在读书时便接触到了斯威夫特、塞万提斯、狄更斯等作家。虽然他对他们的态度各不相同,但不可否认的是,他从他们身上都受到了或多或少的影响。除了书本上的知识,普通百姓的幽默更是令他印象深刻。大人们在码头等候轮船时,常常通过闲聊来缓解一天的疲惫,马克·吐温从他们那里听来许多故事与笑话,这些故事中有的讽刺利己主义,有的嘲笑只会吹嘘的胆小鬼。百姓们有着最质朴的创造力,虽然语言有些单调,但想象力与夸张的表现力却十分突出。

故居正门

在印刷所做工的经历虽然是心酸的回忆,但他并没有因此与文字脱节。那时印刷所很不景气,读者对报纸没有什么过高的要求,因此风花雪月的庸俗小说和取悦大众的幽默杂文便成为报纸的重要内容。虽然那些幽默笑话难登大雅之堂,可从马克·吐温日后的成就可以看出,当年那些报纸上的小文章还是起到了一些作用的。马克·吐温还从哥哥那里看到了一些水平不错的幽默文学作品。南北战争前的几十年里,美国普通民众渐渐受到重视,幽默文学也开始发展起来。作家们细致观察民众的生活,然后将他们的故事加以整理修饰进而传播开来给大众带来快乐。这些故事中的长舌妇、单身汉、农场主等都是非常容易在生活中找到原型的。马克·吐温从哥哥奥利安那里找来不少书刊,读了许多令人捧腹大笑的故事。他除了尽可能地搜寻资料阅读外,还有了写作的机会。他在《密苏里信使报》做学徒时便偶尔会被要求写一些文章,但没有任何报酬。后来他在哥哥那里做工时,由于这份不挣钱的报纸请不起有名气的作家,致使写文章的任务自然又落在了他的头上。即便同样得不到稿酬,但帮助哥哥写稿子他明显要更加用心用力。马克·吐温常常写一些纪实性的新闻报道,但从这些新闻中,我们能明显看到讽刺的笔调。他曾写过一篇印刷所失火的报道,用讥讽的口吻提到里面的一个学徒看到起火后的"高尚的举动",他拿起一把扫帚和一块毛巾跑开了——因怕它们葬身火场,一个小时后才跑回来,觉得自己做出了"流芳百世的功绩"。

现实生活中的马克·吐温十分爱笑,除了自己爱笑,让别人笑出来他会更加高兴。在船上工作时,每天与水为伴的生活稍显无聊,但船上

故居正门

各式各样的人物让他看尽了人间百态。船上的人们职业相异、贫富有别，这些独特的灵魂为他带来了不一样的故事，这些人物形象都在他后来的小说创作中有所体现。在做领航员的几年时间里，马克·吐温除了发表作品外，最大的爱好便是给水手们讲幽默的故事，他讲完后做出一副不知道大家在笑什么的样子，这让听众更加开心。

在内达华淘金失败后，身无分文的马克·吐温走投无路，迫切需要一份工作来解决温饱问题，他听从朋友的建议在内达华《地方创业报》做了一名记者。一段时间后，他发现自己并不喜欢这份工作，便开始模仿报纸幽默专栏作者的笔法进行创作。内达华人喜爱看幽默讽刺作品，几乎每家报纸上都有刊登，但这些作品的内容往往不是很友好。所有粗鲁的行为都会成为当时内达华居民的笑料，许多幽默作家往往会讽刺生活中的不正义行为，但正义不正义往往不在内达华报纸考虑的范围内。马克·吐温曾在报纸上发表了关于一起骇人听闻的凶杀案的文章，用写笑话的笔法写成，而且主要目的是为了宣传内达华企业。然而加利福尼亚的报纸信以为真，便转载了它，在第二天他又收回了这篇文章，因此引起了其他州报纸的不满。这件事情使得马克·吐温坐立不安。尽管如此，他仍然最喜欢写这些开玩笑的幽默文章。

在内达华做记者时，马克·吐温遇到了一个对他职业影响深远的幽默作家布劳恩。布劳恩习惯别人称呼他为沃德，除了作家身份，他还是一个著名的"讲演人"。马克·吐温很快便和沃德成了朋友，他不仅关注沃德的作品，而且从他那里学到了一些讲演的技巧。沃德建议马克·吐温将创作的幽默作品投到其他报纸上去，结果获得了成功。马克·吐温从夏威夷回来后为了生计，便有了"跟沃德和别的幽默讲演人一样也去讲演"的念头，随后他立刻将想法付诸行动，学沃德的技巧讲发生在夏威夷的事情。在维吉尼亚城时他又接受了其他朋友的建议——在讲演中添加滑稽因素。讲演这项副业几乎伴随了他一生。马克·吐温初入文坛也与沃德有一定关系。在给旧金山《加利福尼亚人》撰稿期间，他曾给沃德讲过一个跳蛙的故事，这位老朋友便请他把这个故事写下来，放在自己将要出版的文集里充数,以达到内容和价格相称的目的。稿件寄给了出版人,但出版人卡尔顿认为这篇文章并不十分出彩,就将它推荐给了《星期六新闻》。文章登在了这个报纸的最后一期。故事讲的是,在卡拉维拉斯有个叫斯迈雷的人,他爱与人打赌,训练了一只跳得很高的青蛙来与他人赌钱,如果对方没有跳蛙,他则帮其寻找一只跳蛙。凭借自己的跳蛙,他有了不菲的收入。有一天他又说服了一个愿意与他打赌的外乡人,然而在帮对方找跳蛙的途中,他自己的跳蛙肚子里被外乡人塞满了打鸟的铁砂,斯迈雷因此损失惨重。这则故事表现出马克·吐温对生活细致的观察力,也向大众诠释了他对美国式"幽默"的理解。马克·吐温认为美国式的"幽默"故事与欧洲式的"俏皮"故事区别在于:"幽默故事可能很长,讲的人可以任意离开主题,而'滑稽'或者'俏皮'故事则正好相反,既要短小,又要准确。"[1]后来这篇文章被多次转载并饱受赞誉。虽然这篇文章受到广泛关注,但当时的马克·吐温仍是一个无名小卒。他在《自传》中提到后来他去找卡尔顿出版散文集时,因为不出名,办事员得知他是来推销书稿而不是买书时,态度顿时由非常热情变得冷冰冰,最终拒绝出版。但他的一位朋友韦布则"豪气冲天"地说,就是天底下所有的卡尔顿加起来也不能阻止这本书的出版。就这样,马克·吐温的第一部作品集《卡拉维拉斯县著名的跳蛙和他的随笔》出版了。这本书获得了出版界的好评,马克·吐温开始渐渐有了名气,然而他未能得到相应的报酬,很长时间后他才知道韦布拿走了这本书的所有版税,他感到十分惊诧。直到他遇到了另一个出版商——"在撒谎骗人方面,像日全食一样,将一个大陆的韦布都遮挡在自己的阴影之下"的布利斯,他才明白"人外有人、天外有天"的道理。

虽然饱受欺骗与嘲讽,但从此以后他真正拥有了作家的身份。尽管后人对他的作品有众多诠释,但马克·吐温论述了幽默与作品的关系,

---

[1] 门德松. 马克·吐温传[M]. 冀刚,译. 杭州:浙江文艺出版社,1986:107.

解释了自己作品经久不衰的原因:"幽默只是如香味般令人愉悦的味道,只是一种装饰……幽默绝不能专门用来说教,也不能专门用来布道,但是,如果幽默要永久流传的话,它必须两者兼而有之……我总是在传教布道,这就是我能坚持三十年的原因。"①

捍卫正义的战士

虽然马克·吐温家里曾雇佣过黑奴,但是在家人的影响下,他并不像许多南方种植园主那样视黑奴如草芥。相反,他认为帮助黑人是高尚豪迈之举,并与许多黑人成为朋友。他曾说:"在姨父的农场里我第一次认识并且爱上了黑人,这种爱和尊重黑人的心情,经过了六十年的考验而并不稍减。"②在一篇以童年为素材的小说中,他曾饱含深情地描绘了菲莉斯大婶,纪念她的善良和她给他人带来的快乐。这种正义思想几乎贯穿了马克·吐温的一生,无论在哪个时期、从事什么工作,他都在尽己所能地捍卫正义,勇于指出人种、国籍、阶层都不是衡量人值不值得交往的标准。随着时间推移和阅历增长,他对黑人的态度从儿时的友善相待,逐渐转变成为他们奔走呼喊,谴责美国的种族歧视。《哈克贝利·费恩历险记》便是对种族歧视和蓄奴制的批判与反驳。哈克贝利是一个善良的白人男孩,为离开经常毒打他的酗酒的父亲决定逃亡他乡,途中他遇到了逃亡的黑奴吉姆,他们一起历经千辛万苦,最终在哈克贝利的帮助下,吉姆获得了自由。从小说中我们可以看出,虽然南北战争后蓄奴制已成为历史,但在许多白人心中,黑人依然被当作奴隶与附庸品,畸形的观念也依然存在。作者通过塑造吉姆这样一个忠厚自尊、聪明能干的黑人形象,表达自己对种族歧视的不满。与此同时,他对黑人

---

① 马克·吐温. 马克·吐温自传[M]. 姜贵梅,楚春礼,译. 北京:中国书籍出版社,2017:337.
② 门德松. 马克·吐温传[M]. 冀刚,译. 杭州:浙江文艺出版社,1986:36.

的艺术也大加赞扬。在 19 世纪 40 年代早期，他欣赏到一场给他生活带来无限乐趣的黑人表演，他甚至认为自己之后所观看的所有节目都不能超越这场黑人表演，他表示"在愉悦心灵、触动灵魂方面，手摇风琴和黑人秀表演达到了其他艺术形式无法企及的高度和巅峰"①。

马克·吐温反对战争，抨击帝国主义对其他国家的侵略扩张。他曾告诉记者，在离开美国去往欧洲前他是一个帝国主义者，但是在结束近 10 年的欧洲旅居生活后，他逐步成为一个反帝国主义者。那时他已经年近七十，极富声誉，但他毅然成为"美国反帝国主义联盟"的领导人之一。他反对美国入侵菲律宾，曾写下《为芬斯顿将军辩护》，谴责美国将军残忍杀害不愿意被美国殖民者奴役的菲律宾农民的行为；面对俄国革命战争，他写出了《沙皇的独白》，将沙皇比作撒旦；对于帝国主义侵华战争他也表达了自己的立场，马克·吐温回国前正逢八国联军侵占北京，因此回国后他在 1900 年公开发表演讲支持义和团运动。

除了为被压迫者辩护，他还痛斥当时对金钱陷入狂热追求的美国社会。19 世纪 60 年代，美国工业总产值增长了一倍，工人的就业率也直线上升，资产阶级的迅猛崛起让整个美国洋溢着欣欣向荣的和乐气氛，似乎所有事情都在朝着好的方向发展，每个人都抱着发财的梦想。然而也正是此时，营私舞弊笼罩了整个国家，繁荣的背后是国家机关和资本家对劳动者的残忍剥削。他看到大资本家参与诈骗活动，堂而皇之地攫取不义之财；看到银行人员与参议员相互勾结而变成百万富翁；看到新兴富豪们挥金如土、穷奢极欲；看到工人们令人触目惊心的悲惨生活。虽然马克·吐温生活的哈特福德富人云集，但他并没有与他们同流合污，他一直用锐利的眼光审视着这个有些变质的世界，而后与华纳一同创作了《镀金时代》，用更为辛辣的语言讽刺这个进入"镀金时代"而非"黄金时代"的国家。他曾以《劳动骑士团——一个新的王朝》为题，在哈

---

① 马克·吐温. 马克·吐温自传[M]. 姜贵梅，楚春礼，译. 北京：中国书籍出版社，2017：72.

特福德发表演说，表示出自己反对压迫和支持工人的观点。他提出国王、资本家和监工等少数人是压迫者，而工人、劳动者等多数人则是被压迫者，有权势的人享有制造正义和取消正义的特权，因此工人兄弟应该团结起来告诉那些少数人，他们已经再也无法享受权利，陈腐的制度将要被推翻。

《汤姆·索亚历险记》和《哈克贝利·费恩历险记》以密西西比河为依托，赞美当年前往西部进行开发的工人的勇敢与坚毅。虽然汉尼拔不是世外桃源，但它依然是马克·吐温心中温馨回忆之所在。在他的记忆里，当年的西部城乡中还存在着一些古风，那个时候"淘金热"还没有兴起，因此人们对金钱的渴求并不像他晚年时候那般狂热。独立战争结束后的美国需要扩张自己的领土，于是许多人便从弗吉尼亚向西进发，他的父母便是其中的典型代表。他在童年时期便被西部开拓者勤劳、热情、淳朴的品格感染，这对他以后的性格养成产生了极为重要的作用。除此之外，当时有些牛仔虽然劣迹斑斑，但不乏"劫富济贫的意味"，他们"周济无依无靠的人，而不是为了钱财"。据作家回忆说，那时他见过不少侠义之士，他的邻居勃兰肯希波便干过一件大事。有一天，这位邻居的哥哥发现了一个逃跑的黑奴，按照规定应该将这件事告诉当局，窝藏黑奴将会受到惩戒，相反则会被表彰。然而他最终选择将这位可怜的逃难者藏了起来，给他提供水和食物，只可惜最后还是被发现了。

结语

在马克·吐温生活的 19 世纪，批判现实主义文学占据主要地位。欧洲等地资本主义高速发展，造成贫富差距加大，资产阶级价值观无孔不入，许多人陷入对物质的疯狂追求。各国作家因此从美好的理想中走了出来，将创作重点放在对社会弊端的批评与抨击上，形成了重视客观性与真实性的批判现实主义文学。当时美国与欧洲国家一样，经济迅速发展后显露出种种社会弊端，与此同时，由于美国殖民发展的原因，种

故居全景

族歧视等历史问题非但没有消失反而愈演愈烈。马克·吐温对这些掩盖在自由民主下的社会问题十分愤慨，他的家庭环境与成长经历让他对这些问题有着更为切实的体会和深刻的理解。马克·吐温的伟大之处在于他的写作生涯虽以写幽默故事见长，却不只是为了取悦读者。他通过这种形式针砭时弊，对丑陋的现象加以嘲讽，为读者展示出一片繁华表象下真正的美国现实。因此，他从当时许多幽默作家中脱颖而出。他是一个作家，更是一个社会批评家。他幽默讽刺的文字之下是一颗慈悲之心，并且他对世人的悲悯不局限于对自己的同胞，而是面向全世界所有陷入战争与困顿的人民。他将思想与文字化为行动，身体力行地为他们奔走呐喊。

以马克·吐温为代表的一批欧美作家不再满足于将写作只作为养家糊口的职业，他们用纤细的笔杆揭露人民的苦难，用锐利的目光扫视压迫者的罪恶。历史的长河奔涌向前，无数当时的名人早已归于沉寂，他们仍然凭借着丰富的人生阅历与高深的文学造诣被载入史册，一直激励后人。

对于马克·吐温而言，写作不是坐在一间书房里就可以完成的职业，他走出书斋，将自己行走世界、体验世情的感悟写进文章，不管何时何地都从正义出发，坚守自己的原则与观点，即便年事已高依然以饱满的热情与慈悲之心对待每一个国家与民族。虽然他身已故去，但他的作品经久不衰，其思想与主张永远熠熠生辉，为后人留下了宝贵的精神财富。

（撰稿：尚晓珺）

参考文献

门德松. 马克·吐温传[M]. 冀刚，译. 杭州：浙江文艺出版社，1986.

马克·吐温. 镀金时代[M]. 张秉礼，译. 上海：上海译文出版社，1979.

马克·吐温. 马克·吐温回忆录[M]. 谭惠娟，陆萍，胡跃明，译. 北京：团结出版社，2006.

马克·吐温. 哈克贝利·费恩历险记[M]. 潘庆龄，译. 南京：译林出版社，2015.

马克·吐温. 汤姆·索亚历险记[M]. 崔蒙，译. 南京：江苏凤凰文艺出版社，2016.

马克·吐温. 马克·吐温自传[M]. 姜贵梅，楚春礼，译. 北京：中国书籍出版社，2017.

许汝祉. 真正的马克·吐温——《马克·吐温自传》代序[J]. 南京师大学报（社会科学版）. 1981(1).

都　德

法国的普罗旺斯是个浪漫之地，吸引着各国游客争相前往。普罗旺斯的每个城市都散发着浪漫迷人的气息，阿尔勒城也不例外。阿尔勒城拥有丰富的艺术遗产，是艺术家和诗人获取灵感的宝地，在此居住过的艺术家有凡高、文学家有都德。阿尔勒城附近的封维耶尔山上的松林间有一座古朴的磨坊，曾是都德养病的居所，现在已成为都德陈列馆。夏日来此，最是清爽，你从山下信步向上走，放眼望去，满坡的松树郁郁葱葱，当看到尖顶红帽并带着巨大的风车的小房子时，就到达目的地了。几间灰色石砖砌成的低矮小房子，掩映在绿色的枝蔓间，清爽的气息扑面而来，树木、野葡萄藤、迷迭香等绿色的植物和房子融为一体。顺着石拱门进去，可以去找找那个大磨盘，巨大的圆形磨盘上伏着石碾，大磨的转动轴因年深日久早已不见踪影。小小的院落十分雅致，处处都能令人感受到都德在病中静养时安然自得的心境和对于家乡宁静祥和的环境的倾心。

都德患上肺结核后，不适宜在吵闹、多烟雾的巴黎居住，常常会到这里休养。他半生都在与病痛打交道，朴拙的石墙上挂着

都德故居（法国普罗旺斯）

的斑驳的陶罐可能就是他的药罐。在这温馨安静的磨坊中，他写下了《安居》《繁星》《科尔尼耶师傅的秘密》等一篇篇诗意盎然的文章。这些作品后来被结集出版，就是赫赫有名的《磨坊书简》。这本充满诗意的小说集与同时代福楼拜的《包法利夫人》及雨果的《悲惨世界》齐名。进入磨坊，转身面向出口，若是幸运的话，能够看见灿烂的阳光倾泻下来，你就能亲眼瞧见都德所见："一片美丽的松树林，在阳光的照耀下熠熠生辉，从我面前一直绵延到山坡下。天际，阿尔卑斯山勾勒出它峻峭的山脊……"在万籁俱寂中，闭上眼睛，你也能听到："只是从远方偶尔传来一丝笛音、一声薰衣草丛中的鸟语，或是大路上的一片驼铃……"[1]可以说，磨坊和都德互相成就了彼此，磨坊及周围的秀丽风光与此地的风土人情滋养了都德，激发他创作，都德的《磨坊书简》使磨坊保存下来，闻名世界。这座磨坊像个历经世事的老人，静静地端坐在山丘松林

---

[1] 都德. 最后一课[M]. 陈伟，李沁，译. 南京：译林出版社，2017：188.

间,静候世人的观摩和朝拜,又像个腼腆恬静的少女,在普罗旺斯的蓝天白云下,闪耀着迷人的光芒,吸引游客走进都德的世界。

都德的一生,前20多年过着穷困的生活,后30多年又深受肺病的折磨,但这些都不能阻挡倾心文学的他努力实现自己的追求。"他虽则是个写实的小说家,虽则说他的小说只是从记事册抄下来的,然而他并不是一个冷酷的旁观者,却是一个富于感情的人。"[1]著名语言学家、翻译家王力先生对于都德作品的评价也可以看作对都德其人的称赞。都德感情充沛,他又富有敏锐的目光,不管是在普罗旺斯还是在巴黎,一切风情都被都德迅捷地捕捉到并在他的作品中体现出来,连同都德一生的经历和情感,为后人留下了精彩华章。

古老斑驳的石门

---

[1] 王了一. 都德小传[M]. 收入王了一译作《沙弗》,天津:开明书店,1947:序言.

半生贫穷，热情逐梦

都德说：我的前半生经历了贫穷，后半生经历了病痛。纵观他的一生，确实如此，他生于 1840 年 5 月 13 日，病逝于 1897 年 12 月 16 日。短短的 57 年间，他前半生生活贫穷，后半生与病痛相伴，尝尽了人生苦痛。但是他在短暂的生命中努力绽放，留下了一部部美妙多姿的文学作品，为世界文学宝库增光添彩。

艰辛的生活也许会磨损人的身体，却不能冷却一颗热爱文学的心。都德能在世界文学中取得一席之地，与他童年的点滴经历有着密切关系。他出生在法国南部地区普罗旺斯尼姆城，这座城给儿时的都德留下了深刻的印象：阳光明媚的天气，一座加尔默罗会修道院、两三处罗马建筑。简单温馨的印象牵绊着都德的心，在以后的岁月中，他身体一有病痛，便回到家乡休养，这些情感上的依恋和独特的经历被他写入小说。都德小时候体弱多病，4 岁时寄养在尼姆农村，6 岁才被接回城，短短的 2 年光阴里，小都德学会了当地的一种优美的普罗旺斯方言，这也化入他之后的作品中，呈现出优美的意境。

他的父亲是一个丝绸厂的厂长，从 1848 年二月革命开始，父亲的丝绸厂生意就不景气了，后来每况愈下，厂子里的工人渐渐离开，此时的小都德还未意识到父亲的生意颓败意味着什么，只是享受着宽敞的工厂给他提供的便利。他从尼姆农村回来以后在公教修士办的学校和一所私立学校读过书，其间阅读了很多小说，尤其是探险小说，他最喜欢丹尼尔·笛福的《鲁滨孙漂流记》，于是常常去父亲的工厂里玩探险游戏。

在都德 9 岁时，工厂生意已经很是惨淡，于是全家搬到了里昂，这时候都德家的生活已经非常拮据了。在里昂，都德先是在圣彼得·德·尼锡埃教堂的训练教区儿童班学习，后来又和哥哥艾尔内斯特一起去了公立学校。都德这个时候已经开始学着写诗，并且常常到书店读书，这期间都德广泛阅读各类图书，大大开阔了视野。幸福的时光总是过得飞快，

1857年，父亲的生意彻底宣告破产，刚刚17岁的都德连结业考试都未能参加，就被迫从里昂中学辍学，从此自谋出路。为了维持基本的生活，都德独自一人去了法国南方的一个小城市——阿雷斯，在阿雷斯当地一所小学当了辅导员。在此，他的生活十分清苦。更不幸的是，这所学校的工作环境与他格格不入。都德是一个正直善良的青年，无法忍受学校的腐败现象，更别提融入这个污糟的环境了。仅仅坚持了半年，都德就毅然决定离开学校，前往巴黎开始追求新的生活。生活就是经历，都德工作生涯的开始就是一段冰凉的踽踽独行的经历，这段经历使初入社会的都德体会到了人世的心酸冷漠和贫穷带来的羞辱。坎坷的经历使一部分人灰心丧气，也使一部分人看清自己应当珍惜的生活，都德就是后者，这段经历使得他更加珍惜家庭的温暖。

　　都德前往巴黎时正值寒冬腊月，身上却只穿着夏天的单衣，口袋里仅有两法郎，但他很从容、坦然，因为他"来到巴黎，为的是献身文学"①。他在巴黎投靠了哥哥艾尔内斯特，哥哥比他大3岁，在一家保皇派报纸的编辑部工作，没有多少收入，但是兄弟见面获得了团聚的快乐，两个人挤在哥哥租住的一间小屋里，都德暂时在巴黎安顿下来。巴黎的魅力就在于吸引着一个个想实现梦想的年轻人，即使文人初创的生活十分清苦，但也都让他们充满了希望。都德摩拳擦掌，兴奋地主动加入年轻文人的行列，开始了单调而富有期待的创作生活。

　　在巴黎，都德满怀希望地思考，在住处奋笔写诗，下了楼就被不远处的奥德翁剧院吸引过去。他徘徊在剧院门口，看着一个个文人进出剧院，激动而歆羡，但是他又羞于主动打招呼，也不敢迈入剧院，都德亟待用一部作品证实自己也是他们中的一员。目前他需要解决基本的温饱问题，于是经常给《费加罗报》《巴黎日报》等报纸写文章，以维持基本生活。写作之余他喜欢去巴黎的拉丁区，那里聚集了许多本地的

---

① 都德. 都德散文选[M]. 朱梵，贾芝，吴永琴，译. 天津：百花文艺出版社，2005：187.

都德故居(法国普罗旺斯)

的斑驳的陶罐可能就是他的药罐。在这温馨安静的磨坊中,他写下了《安居》《繁星》《科尔尼耶师傅的秘密》等一篇篇诗意盎然的文章。这些作品后来被结集出版,就是赫赫有名的《磨坊书简》。这本充满诗意的小说集与同时代福楼拜的《包法利夫人》及雨果的《悲惨世界》齐名。进入磨坊,转身面向出口,若是幸运的话,能够看见灿烂的阳光倾泻下来,你就能亲眼瞧见都德所见:"一片美丽的松树林,在阳光的照耀下熠熠生辉,从我面前一直绵延到山坡下。天际,阿尔卑斯山勾勒出它峻峭的山脊……"在万籁俱寂中,闭上眼睛,你也能听到:"只是从远方偶尔传来一丝笛音、一声薰衣草丛中的鸟语,或是大路上的一片驼铃……"[1]可以说,磨坊和都德互相成就了彼此,磨坊及周围的秀丽风光与此地的风土人情滋养了都德,激发他创作,都德的《磨坊书简》使磨坊保存下来,闻名世界。这座磨坊像个历经世事的老人,静静地端坐在山丘松林

---

[1] 都德.最后一课[M].陈伟,李沁,译.南京:译林出版社,2017:188.

间，静候世人的观摩和朝拜，又像个腼腆恬静的少女，在普罗旺斯的蓝天白云下，闪耀着迷人的光芒，吸引游客走进都德的世界。

都德的一生，前20多年过着穷困的生活，后30多年又深受肺病的折磨，但这些都不能阻挡倾心文学的他努力实现自己的追求。"他虽则是个写实的小说家，虽则说他的小说只是从记事册抄下来的，然而他并不是一个冷酷的旁观者，却是一个富于感情的人。"[1] 著名语言学家、翻译家王力先生对于都德作品的评价也可以看作对都德其人的称赞。都德感情充沛，他又富有敏锐的目光，不管是在普罗旺斯还是在巴黎，一切风情都被都德迅捷地捕捉到并在他的作品中体现出来，连同都德一生的经历和情感，为后人留下了精彩华章。

古老斑驳的石门

---

[1] 王了一. 都德小传[M]. 收入王了一译作《沙弗》，天津：开明书店，1947：序言.

半生贫穷，热情逐梦

都德说：我的前半生经历了贫穷，后半生经历了病痛。纵观他的一生，确实如此，他生于1840年5月13日，病逝于1897年12月16日。短短的57年间，他前半生生活贫穷，后半生与病痛相伴，尝尽了人生苦痛。但是他在短暂的生命中努力绽放，留下了一部部美妙多姿的文学作品，为世界文学宝库增光添彩。

艰辛的生活也许会磨损人的身体，却不能冷却一颗热爱文学的心。都德能在世界文学中取得一席之地，与他童年的点滴经历有着密切关系。他出生在法国南部地区普罗旺斯尼姆城，这座城给儿时的都德留下了深刻的印象：阳光明媚的天气，一座加尔默罗会修道院、两三处罗马建筑。简单温馨的印象牵绊着都德的心，在以后的岁月中，他身体一有病痛，便回到家乡休养，这些情感上的依恋和独特的经历被他写入小说。都德小时候体弱多病，4岁时寄养在尼姆农村，6岁才被接回城，短短的2年光阴里，小都德学会了当地的一种优美的普罗旺斯方言，这也化入他之后的作品中，呈现出优美的意境。

他的父亲是一个丝绸厂的厂长，从1848年二月革命开始，父亲的丝绸厂生意就不景气了，后来每况愈下，厂子里的工人渐渐离开，此时的小都德还未意识到父亲的生意颓败意味着什么，只是享受着宽敞的工厂给他提供的便利。他从尼姆农村回来以后在公教修士办的学校和一所私立学校读过书，其间阅读了很多小说，尤其是探险小说，他最喜欢丹尼尔·笛福的《鲁滨孙漂流记》，于是常常去父亲的工厂里玩探险游戏。

在都德9岁时，工厂生意已经很是惨淡，于是全家搬到了里昂，这时候都德家的生活已经非常拮据了。在里昂，都德先是在圣彼得·德·尼锡埃教堂的训练教区儿童班学习，后来又和哥哥艾尔内斯特一起去了公立学校。都德这个时候已经开始学着写诗，并且常常到书店读书，这期间都德广泛阅读各类图书，大大开阔了视野。幸福的时光总是过得飞快，

1857年，父亲的生意彻底宣告破产，刚刚17岁的都德连结业考试都未能参加，就被迫从里昂中学辍学，从此自谋出路。为了维持基本的生活，都德独自一人去了法国南方的一个小城市——阿雷斯，在阿雷斯当地一所小学当了辅导员。在此，他的生活十分清苦。更不幸的是，这所学校的工作环境与他格格不入。都德是一个正直善良的青年，无法忍受学校的腐败现象，更别提融入这个污糟的环境了。仅仅坚持了半年，都德就毅然决定离开学校，前往巴黎开始追求新的生活。生活就是经历，都德工作生涯的开始就是一段冰凉的踽踽独行的经历，这段经历使初入社会的都德体会到了人世的心酸冷漠和贫穷带来的羞辱。坎坷的经历使一部分人灰心丧气，也使一部分人看清自己应当珍惜的生活，都德就是后者，这段经历使得他更加珍惜家庭的温暖。

都德前往巴黎时正值寒冬腊月，身上却只穿着夏天的单衣，口袋里仅有两法郎，但他很从容、坦然，因为他"来到巴黎，为的是献身文学"①。他在巴黎投靠了哥哥艾尔内斯特，哥哥比他大3岁，在一家保皇派报纸的编辑部工作，没有多少收入，但是兄弟见面获得了团聚的快乐，两个人挤在哥哥租住的一间小屋里，都德暂时在巴黎安顿下来。巴黎的魅力就在于吸引着一个个想实现梦想的年轻人，即使文人初创的生活十分清苦，但也都让他们充满了希望。都德摩拳擦掌，兴奋地主动加入年轻文人的行列，开始了单调而富有期待的创作生活。

在巴黎，都德满怀希望地思考，在住处奋笔写诗，下了楼就被不远处的奥德翁剧院吸引过去。他徘徊在剧院门口，看着一个个文人进出剧院，激动而歆羡，但是他又羞于主动打招呼，也不敢迈入剧院，都德亟待用一部作品证实自己也是他们中的一员。目前他需要解决基本的温饱问题，于是经常给《费加罗报》《巴黎日报》等报纸写文章，以维持基本生活。写作之余他喜欢去巴黎的拉丁区，那里聚集了许多本地的

---

① 都德. 都德散文选[M]. 朱梵，贾芝，吴永琴，译. 天津：百花文艺出版社，2005：187.

大学生和外地的年轻人,他们出没于巴黎的各种文艺沙龙,在一起讨论文学、戏剧和政治问题。都德仿佛找到了自由的团体生活,物质上虽然清苦,但是他的精神世界很富足。也是在这里,都德有幸结识了后来的诺贝尔文学奖获得者、普罗旺斯大诗人弗雷德里克·米斯特拉尔,两人从此结下了深厚的友谊。

都德故居指示牌

都德抱着"文学是我梦寐以求的唯一目的"[①]的坚定信念,大部分时间在哥哥租的小阁楼上进行创作。他在回忆自己初到巴黎的日子时,款款写道:"虽然贫穷,但是我精神焕发。我用了整整一年时间躲在小阁楼里写诗。"[②]当第一部诗集《女情人》定稿后,都德奔走于巴黎的各个书店,寻找出版商,但可想而知,一个衣着朴素、默默无闻的年轻人,等待他的只能是闭门羹。此时的都德没有工作,仅有的诗集也无处出版。幸运的是,正当都德走投无路时,偶然认识了塔尔梯书店的店主,最终店主帮助都德出版了这本诗集。诗集出版后,就有人在报纸上对都德和他的诗发表评论,这无疑给勇敢追逐文学梦想的青年以巨大的鼓励,都德增加了创作的信心,更加坚定了自己的追求。尤其幸运的是,都德的诗引起了拿

---

① 都德. 都德散文选[M]. 朱梵,贾芝,吴永琴,译. 天津:百花文艺出版社,2005:191.
② 都德. 都德散文选[M]. 朱梵,贾芝,吴永琴,译. 天津:百花文艺出版社,2005:191.

破仑三世的王后欧仁妮的注意,她很赏识都德的诗,并且将都德引荐给了拿破仑三世的兄弟德·莫尔尼公爵——当时的内政部长和立法议会的主席。于是,都德在1860年成为莫尔尼公爵的秘书,依靠自己的才能获得了一份稳定的工作。

都德的薪水并不高,但生活总算是有了改善。这份工作很清闲,使他既有机会深入接触到巴黎社会的各种各样的人物,又有充足的时间进行文学创作。终于在1868年,他的小说《小东西》出版了,这是都德问世的第一部长篇,可以被看作他文学生涯的真正开始。小说集中表现了都德不带恶意的讽刺和含蓄感伤的创作风格,也就是"含泪的微笑",他也因此有了"法国的狄更斯"的誉称。《小东西》是作者半自传性质的小说,其中融入了他的生活经历。小说分为两部分,第一部分大多是作者对以往生活经历的回忆,从出生之初、童年生活、父亲生意破败、举家搬迁到自谋生路、在学校工作。第二部分内容则是都德通过对生活的细致观察加上合理想象构思而成的。小说中,都德用温和、从容、简洁的文字记叙家庭的温情,也在素朴的字里行间讽刺社会的冰冷残酷,小说里的人物都笼罩在他的悲悯之中。

都德从内心深处热爱文学,并自觉地追求、献身文学,虽然生活很清贫,但并没有消磨掉他创作的热情,他在生活中经历的心酸和温情都成为他创作的素材。都德将对生活细

从这里步步攀登上文坛之巅(都德故居的阶梯)

致的观察、用心的感悟都化入他的文字中，创作出素朴简洁，却充满对小人物的温情关照和悲悯的小说。

一片丹心，赤诚爱国

都德在《最后一课》里写道：法语是世界上最美丽、最清晰、最严谨的语言。一句话写尽了一个文人对祖国的无限深情。

1870年普法战争爆发，都德一心想为国家尽绵薄之力。不幸的是，他在香普罗赛居所摔断了腿，无奈之下只能暂时在家休养，但他仍然惦记着尽快加入保家卫国的战争中。9月初，都德返回巴黎，强烈的民族责任心促使他立马应征入伍，加入国民别动队第96营。都德亲历了普法战争，目睹了巴黎被困的状况以及巴黎公社早期的形态。战争的残酷，愈发增强了他的民族荣誉感，坚定了他保家卫国的决心。他不仅投身到战争中，还将在普法战争期间的所见所闻写入小说，激励、鼓舞战士的斗志，抒发自己深深的爱国之情，激起人民群众的爱国热情。

最终法国战败，割让了阿尔萨斯和洛林两地，这样的结局最容易激发出民众高昂的反抗之情，而都德却没有怒号，没有高喊口号，但不呼喊并不代表内心的痛苦会少几分。都德面对战败割地的结局，像每一个具有民族荣誉感的爱国人士一样，内心是激愤的。他控制着自己的情感，笔落纸上，自然温和地记叙了一堂法文课，引出多少人的眼泪。他轻声呼唤人们一定要记住自己国家的语言，记住那片祖国的土地，它总有一天会回到祖国的怀抱。润物细无声的轻柔的呼唤，牵引着人们内心深处对祖国的依恋，感动着世界各国人民。这就是著名的短篇小说《最后一课》，这篇短小精悍的小说甚至成为都德的代名词，也是描述爱国主义情怀的代表作品之一。《最后一课》在1912年第一次被翻译到中国，后被选入我国中学语文教材，影响着众多的中国读者。这篇小说让都德的名字在中国家喻户晓，深入人心。都德于1873年结集出版了以普法战争为背景的短篇小说集《星期一故事集》，其中最著名、最具代表性的是《最后一课》和《柏林之围》。

其实从1861年都德患上肺结核开始，他的身体就时好时坏，不得不辗转于普罗旺斯和巴黎两地之间。直到普法战争爆发，都德积极地投身战争。在残酷的战争中，都德看到了无私无畏献身祖国的战士，看到了腐败的军官，看到了英勇的士兵，也看到了思想落后的士兵，看到了炮火的无情，看到了民众的疾苦……爱国情绪的高涨使他获得了新的创作灵感，战争生活成为他新的创作题材。都德主张细致地观察生活，一个轮廓、一个侧影、一个手臂动作，触发他感受的事物都会被他记录下来。他的创作就是对于生活的记录，其中饱含着他的情感。透过都德一系列关于普法战争的小说，我们可以看到残酷的战争生活，也能够感受到一颗赤诚爱国的心。

有人说都德的行动及其笔下的普法战争系列小说是在煽动民众的狂热爱国情绪，但是我们不得不承认，这是一个文人对于国家赤诚的热爱。对于都德，自己的国家是神圣不容侵犯的。当普法战争爆发时，他毅然参战投入前线战事，但是文人毕竟不是依靠出色的军事才能和强健的体魄杀敌制胜，他的笔才是他的枪，他用文字激励同胞保卫祖国。当然，都德并没有高喊口号，他的笔下都是弱小的人物。

都德笔下刻画了众多具有爱国热情和民族荣誉感的小人物，这些小人物就是一个个活生生的战争下的法兰西人民。与其说是都德给他们身上涂上了悲剧色彩，不如说是战争剥夺了他们基本的权利，小人物的希望破灭了：小学生从此不能学习自己的母语；老军人即将寿终正寝，却不能再延续自己的法兰西民族荣誉；老人对祖国饱含真挚的感情，却要付出生命来证明自己对祖国的一片热忱，来维护尊严；士兵们更是鲜血横流，战争所及之处人民无家可归。小人物的结局在都德温和的叙述中都走向了悲剧，"这些人物的悲剧性情感和行为，是整个法兰西民族悲剧的一个组成部分。从这个意义上说，都德的这一组短篇小说，不仅丰富地蕴含着他自己深沉的爱国主义情感，而且还深刻发掘了普法战争这

都德故居一隅

一民族灾难的悲剧意义,达到了一个前所未有的意境和高度"①。悲剧的色彩就像是战争的本色,也是这种色彩加重了都德爱国精神的分量。都德这个名字,显然已经成为爱国主义的代名词,和他的作品,尤其是《最后一课》《柏林之围》等小说,一起深深地烙印在了读者的心中。

　　一个人,只有对祖国真诚热爱、满怀深情,才会在国家危难的时候毫不犹豫地奔赴战场,为祖国抛头颅洒热血。一个文人,在战争炮火中动情地写下这些感人至深的文字,激励自己的同胞保卫国家,将祖国的命运和自己紧密联系,不能忍受自己国家的一寸土地被剥夺,不能容忍不再讲法语,不能眼睁睁看着祖国的土地上无法再飘扬法兰西的国旗,你能不被这一片丹心所感动吗?都德,就是这样一位怀着爱国情感的文人,不仅挺身而出投身行伍,还用文字激励民众,表达对祖国赤诚的热爱。

---

① 柳鸣九.法国文学史[M].北京:人民文学出版社,1991:257.

一见钟情,终身不移

1865年,莫尔尼公爵去世了,都德的经济又陷入了窘境,幸运的是,他在这一年遇到了一位既有才华又倾慕他的贤淑女子——朱莉娅·阿拉尔。都德创作的第一部戏剧在巴黎的奥德翁剧场上演,经久不衰。奥德翁剧院是都德梦寐以求展示自己作品的地方,他初到巴黎时,常常会去那里,但每一次都只是在剧院门口徘徊,他不敢跨进去,不是因为剧院是多么高不可攀的地方,而是他想以作家的身份去和这个剧院打交道。终于,在出版了第一部作品后,他最先做的就是欣喜地来到这里,迈开大步,走进奥德翁剧院,仿若是步入了自己的凯旋门。奥德翁剧院不仅见证了都德作为作家的信心,还见证了都德爱情的迸发。

奥德翁剧院也就是法兰西大剧院,在这里,都德和朱莉娅一见钟情。朱莉娅是一位巴黎工业家的女儿,接受过良好的教育,喜爱音乐和文学。朱莉娅也常常写作,虽然其作品和本人都没有显赫的名声,但是她具有很强的艺术审美能力。朱莉娅的实业家父亲并不欣赏都德这个舞文弄墨

故居房间一隅

的年轻人，也不看好两人的交往，但是朱莉娅很欣赏都德的才华。1867年，两人在大诗人米斯特拉尔的见证下完婚，成为终身幸福的文学伴侣。

都德何其幸运，在他遇到经济窘境时，朱莉娅出现了，不仅给予了他经济上的支持，还支持都德自由地创作。朱莉娅不仅对都德的文学创作给予了很大的帮助，自己还创作发表了许多作品。都德很多作品的第一读者就是朱莉娅，她会给出建设性的意见，在都德一些手稿上就有朱莉娅改动、润色的笔迹。他们的长子雷翁·都德曾在《我父亲在世之时》一书中回忆道："没有我母亲在精神上、智慧和文学上襄助，时不时从文艺咖啡座把父亲拉回家，他不可能有今天这样数量丰富的作品。他自己就承认耽于跟年轻朋友泡吧聊大天。"[1]当然这里提到的是朱莉娅对都德的督促和用心扶助，但也能就此窥见都德对妻子的尊重及伉俪情深的相处之道。

都德曾深情地称自己的作品"没有一篇是她没有过目的"。都德擅长写法国南方风土人情的作品，但是这在当时的文坛并不流行，后来都德听从了妻子的建议改变了自己的写作方向，开始注重对巴黎风俗的描写，从社会、政界、宗教、文化等各方面进行构思，写下了一部部具有现实主义批判色彩的长篇小说，因此取得了很高的成就。这时的都德虽然病痛缠身，但是有家庭的温暖，生活也过得有滋有味。

朱莉娅是一个特别能干的聪慧女子，她常常在家中举办"周四文学沙龙"。在都德家沙龙出现的有当时文学界和艺术界的许多知名人物，像文学家福楼拜、雨果、屠格涅夫等，画家马奈、莫奈、雷诺阿等，甚至还有法国王室成员，都德的名气也日益提升。朱莉娅就是都德背后功不可没的女人，他们也成为当时文坛的一对佳偶。

值得一提的是，都德一家和龚古尔兄弟的交往促成了法国当今最高文学奖的设立。朱莉娅长得很俏丽，又受音乐和文学的熏陶，知书达理，

---

[1] 董纯. 都德家族正传[N]. 中华读书报, 2017 (19).

温文尔雅,她的仰慕者不乏其人,埃德蒙·德·龚古尔就是其中之一。他视朱莉娅为自己心中的维纳斯,并称她为"艺术家",都德和朱莉娅的女儿艾德梅出生后,他还将其认作自己的干女儿。都德一家和龚古尔兄弟的交情很深,朱莉娅做事很周到,招待朋友也是诚心诚意。埃德蒙从 1870 年弟弟茹尔·德·龚古尔去世后,就经常是都德在尚普罗赛家里的座上宾,后来直接住进都德家。直到 1896 年 7 月 16 日,埃德蒙不幸死于肺淤血,去世时也是在都德的家中,他们之间的友谊可见一斑。埃德蒙在遗嘱中委托都德作为执行人,创办"龚古尔文学院"。遗憾的是,都德在次年 12 月也离开了人世,由此没能进入学院"首批十名院士名单"。后来是都德的长子雷翁接过重任,代替父亲筹办创建龚古尔文学院。

都德晚年时,病情已经很严重,但他依旧时常和沙龙中的友人们一起扶助新人,培养年轻文人,他身边常常围聚着一帮年轻的作家。五十多岁对于一个已经建功立业的男人来说,正是体验成功的闪光时刻,可惜都德没有能享受到这样的安闲生活。1897 年 12 月 16 日晚,他在餐桌上兴高采烈地谈论着爱德蒙·罗斯唐的《西哈诺·德·贝热拉克》时,突然病发倒地,经抢救无效,忍受了多年病痛的都德永远闭上了眼睛。一直到最后一刻,朱莉娅都陪在他身边,她从此失去了自己一见钟情的爱人、相依相偎的丈夫,世界从此失去了一位伟大的文学家。

在都德的作品里,我们能够看到他的家乡的风土人情,能够看到巴黎的社会风俗,能够感受到都德在不同境遇下的心境,但是唯独看不到朱莉娅的风姿,这并没有什么值得我们抱憾的,他们的感情就是这样同心相知,同声相应。因为朱莉娅的贤能,我们看到了如今的都德,所以当你读到都德的成熟和温暖时,不要忘记这里面有他温柔聪慧的妻子的一份功劳。都德逝世后,遗体埋葬在巴黎拉雪兹神父公墓里,从此与清风做伴,与绿色的藤蔓做伴,与自己倾心创作的作品做伴,与世人怀念的絮语做伴。

半生病痛，笔耕不辍

1861年，都德患上了肺结核，严重的时候会咯血，医生提醒他说巴黎的环境不适宜他养病，于是他决定去气候湿润、空气清新的南方疗养。在阿尔及利亚疗养期间，都德并没有颓丧，相反，温暖宜人的气候、简朴恬静的生活使他身心愉悦、思维活跃，与他人合作创作了自己的第一部戏剧《最后的偶像》。戏剧一经演出就取得了极大成功，后来这部戏剧被搬上了奥德翁剧院的舞台，引起了巨大轰动，久演不衰。都德十分注重戏剧的创作，曾不无遗憾地说这部戏剧是他创作的戏剧当中唯一获得成功的一部。这之后都德病情开始转好，又回到巴黎居住，但是好景不长，他旧病复发，不得不重回南方养病。病情反反复复，都德只好在两地辗转。养病期间，都德还因公务去了一趟地中海的科西嘉岛，借此机会体验了地中海美丽的风光，并把那里令人迷醉的风情写入他的长篇小说《富豪》中。

故居内景

故居厨房

回到普罗旺斯阿尔勒城的封维耶尔山过冬时,都德发现了山上一座荒废的磨坊。他十分喜欢那里静谧的环境,于是买下了这座有着巨大风车的旧磨坊。

都德在磨坊进行了简单的修缮后便住了进去。他常常外出散心,随身携带着一个小小的笔记本,将从山民们那里听来的当地流传的有趣的异闻轶事都记录下来,回到磨坊后精心构思一番,一篇篇充满诗意的文章便从他笔端缓缓流淌出来。1869年,都德将这些文章结集出版,这就是闻名于世的散文体短篇小说集《磨坊书简》。

《磨坊书简》描写了都德家乡独有的田园牧歌生活和秀丽景色,普罗旺斯朴实的乡风和纯洁动人的情感,让读者领略到普罗旺斯的秀丽、淳朴、迷人,感受到普罗旺斯乡民的质朴、善良、热情和勇敢。都德用诗意的笔调抒发着对故乡的依恋和热爱,文字间蕴含着散文的韵致、淡淡的哀伤,无怪读来不像是在看小说,更像是在品味一篇篇充满诗情画意的散文。这部小说集不仅内容上独一无二,语言也极富普罗旺斯特色。大诗人米斯特拉尔在小说集出版后给都德写过一封信,称赞都德:"你以卓越的才华解决了这个难题：作为普罗旺斯人来写法文。因此你从此以后可以不必在书上署上你的大名：人人都能够根据铸造的印记认出它们，正如有着马西利亚头像的那些了不起的希腊钱币一样。"①

1879年之后，都德的身体越来越差，他的病已经不是简单的肺结核了，但他并没有颓丧，除了接受医治就是伏案写作。到1884年，都德又被诊断出得了脊髓病，此时病情已经严重到了无药可治的地步，深入骨髓的疼痛无休无止，他只能通过吗啡来暂时缓解疼痛。即使这样，都德依旧坚持写作，创作了十多部长篇小说，我们无法想象他是怎样继续着自己钟爱一生的事业，充满了对写作的无限热忱。梦想的光芒是不是真的可以抵抗疼痛的折磨，我们无从知晓，但疼痛没有击垮都德，也没能束缚住他。

这期间都德几乎每两年就会发表一部长篇小说。这些作品使都德的声望日渐提高，狄更斯不无感慨地称："我有一个小兄弟在法国诞生了。"尤其是《达达兰三部曲》，作者用讽刺、幽默的笔致塑造了典型人物达达兰，他夸夸其谈、吹牛撒谎而又胆小如鼠，可恶而又可爱的形象深深地留在了世界各国读者心中。名人之所以能够成为名人，不排除他们中有的人天赋异禀，但我们更应当明白，对自我的严格要求、对理想的不懈追求等因素都极其重要，都德拖着病体，还可以创作出大量的优秀作品就是最好的例证。我们在读都德的作品的时候，也不妨想想他创作的辛劳，学习他的韧性、耐心、精进，学习他对于理想的坚持。

都德从1874年开始，时常和福楼拜、屠格涅夫、埃德蒙·龚古尔、左拉共进晚餐，当时人们很欣羡地称这是"福楼拜聚餐会"。五位文人共进晚餐时，当然免不了进行一场文艺创作大讨论，他们热烈地各抒己见，文艺观点交相碰撞。众所周知，五人中左拉和龚古尔是自然主义的代表人物，他们的理论对都德产生了很深的影响。许多学者将都德划入

---

① 都德.最后一课：都德小说选[M].郝运，译.上海：上海译文出版社，2016：7.

自然主义的行列，但是从他的作品可以看出他没有完全按照自然主义的创作理论那样记录现实生活，他更倾向于批判现实主义。都德也注重将自己观察到的生活现象和细节融入小说中，这使他的作品具有一定的时代特征。

侧身而立，无情批判

都德作为一个文学家，他的影响不仅在于他在作品中对民族爱国主义情绪的渲染，还在于他对于资本主义现实的批判。都德的批判绝非露骨而酣畅淋漓的批判，他是在字里行间进行不无幽默的讽刺。

都德被称为"法国的狄更斯"，主要是因为他的作品中不仅有幽默和讽刺意味，还有感伤的气息。他毫不掩饰对资产阶级的批判。他家境破落，过早地步入社会，只身前往巴黎，在逼仄的小阁楼上写作，即使下楼也只是徘徊在楼下的奥德翁大剧院门口，不敢踏入，仿佛这是属于巴黎成功人士的世界，没有任何成就的他不配走进这个豪华的剧院。他当上莫尔尼公爵的秘书以后，更是亲眼看到了巴黎上流社会的浮华，富人们大多变得虚荣、狡诈和唯利是图。这也使得都德对于传统的、淳朴的人际关系深感怀恋，这一切他能向谁诉说呢？于是这些情感自觉不自觉地渗入他的小说，使得作品中满是伤感。

都德的文字清新明快，一般的读者都能读懂，因此读者能够体会到他对传统的、淳朴的人际关系的怀恋和对资本主义现实的反感。他对资本主义人际关系的失望使他眷恋过去的岁月，为了留住回忆，他买下了封维耶尔山上的磨坊。其实他来到这里时，磨坊已经破败了，完全不能运转了，当然他买下它并不是用来进行生产，这个传统的磨坊可以寄托他对于传统劳作方式，或者说是对于人们自然人性的怀念。而磨坊的破败是由于资本主义经济发展、工厂规模扩大造成的，人们纷纷采用更高效的生产方式，遗弃了传统的手工磨坊。社会的发展难以阻挡，但是都德的思绪却时时落在往昔的岁月中。

故居外景

都德在巴黎的 30 年是奋斗的岁月，他改变了自己的境遇，也见证了巴黎的混乱。拿破仑三世对内实行军事独裁，对外采取扩张政策，法国的资本主义得到发展，都德将他们的腐败生活呈现于笔下。他在《富豪》中讽刺了资产阶级社会的庸俗，深切同情小人物的不幸和痛苦。这正是马克思所描述的社会："工商业扩展到极大的规模；金融诈骗庆祝了自己纵横世界的欢乐；民众的贫困，在卑鄙无耻的骄奢淫逸的景象对照下，显得格外刺目。看来高高凌驾于社会之上的国家政权，实际上正是这个社会的莫大耻辱，是一切龌龊事物的温床。"[1] 不能否认的是都德毕竟是资产阶级作家，他能看到人民的挣扎和苦楚，能揭示资本主义社会的冷漠残酷、对小人物的倾轧，但是并没有能够深究到资本主义制度的弊端，只是极力讽刺日渐衰落的社会风气。

---

[1] 马克思. 法兰西内战. 马克思恩格斯全集第 17 卷[M]. 中共中央马克思恩格斯列宁斯大林著作编译局，1960：191.

都德也看到了许多突出的民族问题和社会问题，但他毕竟不是政治家，不能雷厉风行着手去改革，而是做了他最擅长的工作，用小说去触及社会问题。都德在《雅克》里写了贫苦的小男孩雅克的生活经历，充满了"怜悯、愤怒和讥嘲"，通过雅克在社会上的经历折射了资产阶级社会的家庭和教育问题，尤其不遗余力地讽刺了法国学校对儿童心灵的摧残。都德甚至在《不朽者》卷首坦言："我过去没有，现在没有，将来也永远不会当法兰西学院院士的候选人。"①

都德卓尔不群、无情批判的身影清晰可见。一个有良知的作家才会坦荡地说出自己所看到的社会弊端。不是对于这个世界的憎恶，相反，是对于生活的热爱，才使他一针见血地指出社会痼疾，表达自己的愿望。

结语

1897年，年仅57岁的都德在巴黎病逝，忍受了半生病痛的他终于得到了解脱。

都德的一生经历了贫穷落魄，也有幸遇到贵人，后半生又病痛缠身，但不论是什么样的境遇，他都没有停止文学创作，他把目光和精力投入写作。都德通过善于发现美的眼睛和敏锐的心思，去感受生活、体味生命，然后记录下美好的细节，这些生活细节又变成美妙的文字从他笔下流淌出来。左拉这样评价都德的创作："任何人都能俯首拾起，因为它们普通得遍地都是。但是，您首先必须想到弯下腰去拾起它们，然后还要有足够的才华，敢于将这些连麻雀都看不见的微小琐屑转化为艺术。"② 正是因此，才能让读者看到独一无二的都德，看到他对于故乡普罗旺斯的深情、对祖国的赤诚丹心。

---

① 都德. 不朽者[M]. 周克希, 译. 上海：华东师范大学出版社, 2011：卷首语.
② 都德. 最后一课[M]. 陈伟, 李沁, 译. 南京：译林出版社, 2017：10.

都德的小说中充溢着淡淡的哀伤之情，读他的小说，读者可以感受到都德对生活的热爱。一个人只有深情地凝视过家乡的一草一木，才能把如诗如画的故乡呈现在别人眼前。他的另一种情感是对祖国的热爱和强烈的民族荣誉感，文如其人，都德将自己的一腔热血献给了祖国，不仅应征入伍，保卫国家，还将爱国热情倾注笔端，激励同胞高举爱国大旗。

故居外景

都德一生致力于文学创作，他孜孜不倦的精神、乐观的生活态度、敏锐的洞察力、深切的爱国心、对现实的批判，通过文字传递给世界人民。他的儿子雷翁·都德这样说："我的父亲从来不把文学与生活分开：这是他的影响力的秘密。对他来说，艺术就是完成。创造典型，解放心灵，这是他先于一切的愿望。"① 都德一生中没有特别的头衔，没有特殊的荣誉，只有那座小小的磨坊和流传于各个国家的文学作品，文学就是他的生活。他是如此澄澈透明，通过文学我们可以感受他的坚韧、他的良善、他的率真、他的无私和他的爱国精神。这就是都德。

（撰稿：任淑芸）

---

① 都德. 最后一课：都德小说选[M]. 郝运，译. 上海：上海译文出版社，2016：16.

参考文献

蔡汝家. 爱情佳话 [M]. 兰州：甘肃人民出版社，1986.

都德. 都德散文选 [M]. 林梵，贾芝，吴永琴，译. 天津：百花文艺出版社，2005.

都德：磨坊文札 [M]. 南京：译林出版社，2011.

高强. 你应该知道的世界文学名家100人 [M]. 南宁：广西人民出版社，2011.

郭宏安. 完整的碎片 [M]. 广州：花城出版社，2015.

胡志翔. 世界文化名人图志 诞生地·故居·墓地 [M]. 济南：山东画报出版社，2005.

江伙生，肖厚德. 法国小说论 [M]. 武汉：武汉大学出版社，1994.

黎央. 外国文学艺术家轶话 [M]. 杭州：浙江人民出版社，1980.

普鲁斯特. 普鲁斯特随笔集 [M]. 张小鲁，译. 深圳：海天出版社，1993.

任闻，荆点. 终极智慧 世界名人生命最后的精神之光 [M]. 长春：时代文艺出版社，2005.

孙绍振. 名作细读 微观分析个案研究 [M]. 上海：上海教育出版社，2009.

沈大力. 拉丁文苑史实与讹传 [M]. 天津：百花文艺出版，2011.

余中先. 法国文学大花园 [M]. 武汉：湖北教育出版社，2007.

杨义. 二十世纪中国翻译文学史 三四十年代·英法美卷 [M]. 天津：百花文艺出版社，2009.

凡尔纳

　　法国第一长河卢瓦尔河下游北岸坐落着一座传统欧洲城市——南特。1828年2月8日，科学幻想小说之父儒勒·加布里埃尔·凡尔纳在南特费多岛降生，在这里的童年经历成为他日后创作的灵感源泉。

　　南特街头，恬静安谧的气氛别具一格，传统与现代风格的建筑和谐共融的景象在圣安娜山丘上一览无余，凡尔纳博物馆便坐落在这里。虽然它并不是凡尔纳故居，但在当地人民的精心安排与设计下，凡尔纳写作与生活的场景被一一重视。《海底两万里》《八十天环游世界》等畅销书安静地躺在高大的书橱中，陪伴了凡尔纳无数个春夏秋冬。走进凡尔纳的书房，我们仿佛依然能够看到他奋笔疾书的身影，体会到他在送别尼莫船长时的怅然若失。登上博物馆的顶楼，从楼顶的窗户向外眺望可以看到凡尔纳的出生地——费多岛，凡尔纳的雕像也在博物馆的一旁向费多岛方向挥手示意，仿佛在追忆那无忧无虑的童年时光。

　　南特，这座富有冒险精神的城市，这个具有一切可能的地方，打开了凡尔纳的想象之门。即使在通过中学毕业会考后，于

凡尔纳博物馆（法国南特）

1847年，凡尔纳离开南特前往巴黎，灯红酒绿的大都市生活并没有吞噬凡尔纳心中那片净土。凡尔纳童年时的南特港繁华无比，轮船的轰鸣、水手的号子、船长的呼喊充斥着凡尔纳的生活。他和弟弟保尔奔跑在港口装货卸货的船只之间，与来自世界各地的水手、商人交谈，听他们讲述途中的奇闻趣事。他站在码头上眺望，目送一艘艘船驶离港口，梦想有一天成为一名真正的水手乘船在大海中徜徉，去探索神秘无限的海洋。《地心游记》《神秘岛》《海底两万里》中那些神秘又奇特的冒险故事源自何处，恐怕只有养育他的南特才能回答。无法出海的遗憾、对浩瀚大海的向往激发了凡尔纳的想象，南特是凡尔纳幻想的萌芽之地，是他情感的陶冶之城。他是南特的孩子，"这个城市繁忙的海运景象包围着年轻的凡尔纳，成为孕育他最初梦想的摇篮，在他的感受力和想象力上刻下了持久的烙印"[①]。十几年后在作品中上天入地、无所不能的凡尔

[①] 德基斯. 科学诗人凡尔纳[M]. 袁文燕, 译. 北京：作家出版社, 2007: 15.

纳定然不会忘记南特温暖的阳光、细软的沙滩和在这里做过的无数远航的梦,南特是他的灵感之源,是他洒脱不羁追逐理想的栖息之所。虽然凡尔纳在巴黎开启了文学事业,在亚眠找到了第二故乡,但对他来说,南特才是梦开始的地方。

街头的音乐聚会、卢瓦尔河畔活跃的诗歌团体、艺术中心繁忙的景象……如今,南特的每一抹阳光、每一处风景都因凡尔纳的出现而富有生机与活力。常年生活在南特的凡尔纳早已适应了变幻莫测的大海和行色匆匆的旅行者,他知道如何应对突如其来的变故,深谙人际交往的法则。也许正是南特独特的人文气息造就了凡尔纳一往无前的勇气。当文学事业遇到瓶颈时,凡尔纳并未退缩,他一直坚持着,对未来充满期待与憧憬,他坚信"敢于希望,才能成就伟大"①。凡尔纳"敢于希望"的冒险精神一直陪伴激励着南特人民。经济大萧条后南特成功的转型使它迎来了新生,敢于追逐梦想、一往无前的无畏探索成就了今天风光旖旎、机会无限的南特。

我们该如何评价凡尔纳?"科学幻想小说之父""奇异幻想的巨匠""现代科技只不过是将凡尔纳的预言付诸实践的过程"等赞誉,似乎仅仅局限于凡尔纳作品在传播科学知识等方面取得的成就,而忽视了凡尔纳作为文学家守望人文追求和传达人文精神的情怀。他的大部分作品在《娱乐与教育》杂志上连载,用喜闻乐见的方式赢得了大众的喜爱。有人这样评价他:"有一个人对在最后一次战争(1870年)前后出生的孩子产生一种巨大的影响,这个人就是儒勒·凡尔纳。这一代人该怎样去感谢他啊!他善于让他们逃出荒唐的牢狱……他唤起他们对宇宙的好奇、对科学的兴趣、对坚强毅力的崇拜……"②凡尔纳不是为了科学而科学,他将冰冷的科技与有温度的生活联系起来,"他早就预见到我们现在

---

① 德基斯. 科学诗人凡尔纳[M]. 袁文燕,译. 北京:作家出版社,2007:131.
② 凡尔纳. 科幻小说之父凡尔纳传(上)[M]. 刘扳盛,译. 长沙:湖南科学技术出版社,1999:122.

所生活的这个世界，他的小说从不立足于未来，而是基于现时，是对现存世界的一种深入，而这种现实世界能激起人们对未来最美好的憧憬"[1]。凡尔纳是一位普通的文人，有着一颗反思社会、批判文明、关心人类的炽热的心，他用幽默的方式给青年人以希望，用丰富的想象开启人类世界的美好未来；他立足当下，放眼未来，用调侃戏谑的语言一针见血地指出社会弊端；他追求自由，热爱生命，自觉承担起改造社会、丰富人类精神的使命。南特的凡尔纳时代虽已远去，但凡尔纳的预言和他的冒险精神却一直鼓舞着一代又一代青年：满怀希望地踏上接下来的旅途吧，因为敢于实现希望才能成就伟大。

诗意的追求者

在喧嚣热闹的码头闲逛是凡尔纳童年时最喜爱的消遣方式之一。来自世界各地的商人、船长、水手们都是凡尔纳的交谈对象，他们带给凡尔纳海洋深处的奇特生物、海岛上珍贵的贝壳，还有对大海充满无限可能的想象，对那片神秘湛蓝的海域进行探索一直是凡尔纳的梦想。

凡尔纳10岁时，父亲在南特乡村尚特奈购置了一处房产，这里是卢瓦尔河的入海口。每逢假期，小凡尔纳便与家人一起来到海边度假。在这里，他与大海有了亲密的接触，得以近距离了解大海。他和弟弟保尔用平时省下的零花钱，租来小船开始了人生的第一次"航行"。在这里，他第一次演习了想象中的海难。虽然"航行"因资金短缺而终止，"海难演习"也因他们不堪忍受断粮所带来的肉体上的折磨而中断，但在幼小的凡尔纳心中却埋下了渴望冒险的种子。在他眼中，那遥不可及的大海胜过一切人间珍品，仿佛是一篇可以解读出无数种可能的含蓄委婉的诗歌，等待着他去细细品读："每当我看见一艘船扬帆出海，我的整个

---

[1] 德基斯. 科学诗人凡尔纳[M]. 袁文燕, 译. 北京：作家出版社, 2007：7.

儿身心便飞到船上。"[1]

令凡尔纳激动的是，在他 11 岁那年，冒险终于有了实现的可能。常年在码头闲逛的凡尔纳得知开往印度的"科拉利亚"号轮船在招募见习水手，他用自己的全部零花钱从一个年纪相仿的小水手那里换来了一份招募合同，并在小水手的帮助下成功登船。当家人弄清凡尔纳将去往何处时，父亲皮埃尔先生随即坐上一班最早的火车，在潘伯夫将已经开始打退堂鼓的小凡尔纳带回了家，小凡尔纳发誓从此以后只在梦中旅行。也许是梦中的情景太过逼真，也有可能是未完成冒险的遗憾造就了凡尔纳的文学成就，在凡尔纳的文学世界里，他的足迹遍布欧洲、美洲、亚洲、南极、北极……在海洋上的冒险不过瘾，便深入地球内部，去地心一探究竟；当他把陆地上的各个角落都走过一遍后便又乘坐"鹦鹉螺号"潜入深海，来一次两万里的海底旅行……凡尔纳对旅行和冒险的热爱几乎

博物馆外景

---

[1] 凡尔纳. 科幻小说之父凡尔纳传（上）[M]. 刘扳盛, 译. 长沙：湖南科学技术出版社, 1999：18.

博物馆院门

到了痴狂的境地,他随着笔下的人物经历了一次次冒险,一次次陷入困境又一次次绝处逢生。在创作《哈特拉斯船长历险记》的过程中,当写到主人公进入北极地区,气温下降到零下 40 摄氏度时,凡尔纳自己也似乎感到呼吸困难,全身发抖,手脚麻木,并喊道:"有谁能够帮帮我?有谁能够帮帮我?我的手被冻僵了,我握不住桨了。"[1] 凡尔纳每时每刻都在关注着行程变化,竭尽所能渡过所有难关,仿佛他本人是那艘船的掌舵者。

1867 年,凡尔纳斥巨资买下了一艘游船并以自己儿子的名字将它命名为"圣米歇尔号"。这时的凡尔纳已凭借《地心游记》《海底两万里》《环游月球》《八十天环游地球》等畅销小说成为法国乃至世界最受欢迎的小说家。当然他不再是一时兴起的小凡尔纳,他有条件、有资格来一次说走就走的真正航行。为了歌颂大海的魅力,抒发自己的诗意情怀,最好的办法便是长时间与大海保持接触。于是,圣米歇尔Ⅱ号和圣米歇尔Ⅲ号相继出现在凡尔纳的生活中,凡尔纳驾驶着圣米歇尔号多次到达

---

[1] 孙天纬. 凡尔纳[M]. 长春:吉林出版集团,2008:128.

苏格兰、爱尔兰和挪威，对威尼斯和佛罗伦萨的旅行念念不忘。他时常驾驶着圣米歇尔号从南特到波尔多去探望弟弟保尔，他没有忘记童年时是保尔和他一起在南特郊区的海边玩耍，他们共同的梦想就是驾驶着属于自己的船航行在大海上。凡尔纳小心翼翼地呵护着童年的梦，他将这些梦写进书中的同时又将它们一一实现。凡尔纳的一生与大海有些许相似之处，神秘莫测、宽广无边、富有诗意。如果说凡尔纳是一艘船，那么大海注定成为他的归宿。

无论是童年时冒险失败的凡尔纳，还是文学世界中的凡尔纳，在真实与虚构的世界中，凡尔纳一直保持着对冒险与旅行的热爱，他那颗自由的心在旅行中得到安放，天马行空的想象弥补了童年的遗憾。凡尔纳用诗化的语言为自己营造了一个虚构的世界，同时又在这梦幻般的文学王国中实现了自己的诗意人生。

科学的幻想者

"孩子们完全可以积累他们通过自己的努力所获得的知识。"[①] 风光旖旎且充满灵性的南特孕育了凡尔纳的天真烂漫。童年时的凡尔纳是个小机灵鬼，他能想出上百种打发时间的游戏，他设计的游戏经常吸引着弟弟和表姐妹们，因此获得了"娱乐大王"的外号。当家人以为凡尔纳会成为一个只顾玩乐、令人头疼的差等生时，凡尔纳却用实际行动向大家证明了自己：读小学期间，学习拉丁文和希腊文的凡尔纳获得希腊文作文一等奖、希腊文翻译二等奖、拉丁文翻译一等奖，同时凡尔纳在地理和声乐等方面同样取得了优异的成绩。也许，凡尔纳的努力与自己的兴趣爱好有关。他喜欢大海，于是便埋头学习相关的地理知识，他要把

---

① 凡尔纳. 科幻小说之父凡尔纳传（上）[M]. 刘扳盛，译. 长沙：湖南科学技术出版社，1999: 16.

大海中的每个岛屿都深深地印在自己的脑海中；他喜欢冒险，于是他努力掌握一切求生与生存技巧；他热爱文学，便刻意地训练自己的写作能力……成年后的凡尔纳也不例外，在小说中，他追求幻想中的真实，为了给读者带去真实的冒险体验，他整日在国立图书馆中如饥似渴地学习数学、地质学、物理学、化学等自然科学知识。于是，我们认识了《神秘岛》中在荒岛上冶炼金属、制造肥皂、无所不能的史密斯工程师，认识了《地心游记》中熟练运用科学知识死里逃生的地质学教授登布洛克和他的侄子阿克塞尔。翻开凡尔纳的小说，他塑造的探险家与科学家们似乎就坐在我们对面，神态自若、从容不迫地将他们的传奇冒险故事向我们娓娓道来。"科学"与"幻想"在凡尔纳作品中实现了完美融合。

"默揣世界将来之进步，独抒奇想，托之说部，经以科学，纬以人情，离合悲欢，谈故涉险，均综错其中，间杂讥弹，亦复谭言微中……比事属词，必洽学理，非徒撼山川动植，侈为诡辨者比。"[1]凡尔纳小说中饱含着浓浓的世俗人情，千奇百怪的冒险经历不是发生在信手拈来的虚幻世界，而是真真切切地发生在我们生活的地球上。在鲁迅先生看来，这种忠实于科学且不乏人情味的人文精神也许正是实现救亡图存的有力保障。

与凡尔纳齐肩的英国科幻小说家赫伯特·乔治·威尔斯曾将凡尔纳的作品与自己的作品进行比较："这位伟大的法国人所预示的各种发明创造和我的这些离奇的幻想，在文学上并无相似之处，他的作品几乎总是提到具有现实可能性的发明和发现，并做出一些卓绝的预言。他所引起的是一种具有实际意义的兴趣。他写作时就相信并告诉读者，这种或那种事实是可以做到的。他帮助读者幻想做这些事情，并使他们意识到可能随之产生的欢乐、兴奋或危害。他的许多预见已经'成为现实'。"[2]

---

[1] 鲁迅. 鲁迅全集. 第十卷[M]. 北京：人民文学出版社，2005：163.
[2] 徐知免. 论凡尔纳[J]. 外国文学研究，1986(02)：49-54.

这位科学幻想者一生创作了60多部科幻小说，并取名为《在已知和未知的世界中漫游》。凡尔纳关心的是全人类的福祉，立足于现实世界，无论是登上月球还是深潜入海，凡尔纳始终能够找到合适的方式将人世间的悲欢离合与科学知识融为一体，语言平铺直叙，文风诙谐幽默，嬉笑怒骂间蕴含深邃的哲理。

当年的"娱乐大王"现在已是一位当之无愧的预言家，热气球的风靡为人类的想象插上翅膀并推动飞机的诞生，用空心炮弹将人类送往月球更是切合了百年之后人造飞船诞生的事实……凡尔纳小说中越来越多的预言与梦想正在成为现实。

小巧玲珑的屋门

鲁滨孙的崇拜者

尚特奈海边，一排排砖红色的小屋沿海而建，屋前是孩童们嬉戏时留下的脚印，远处是奔腾追逐的浪花，波涛滚滚的海面吸引着阳台上那双探究世界的眼睛。在这里，大海俘获了凡尔纳的心。遇到阴雨天凡尔纳便坐在窗前，双手托腮远眺码头上抛锚的船只；天朗气清时他在码头闲逛，结识和他年纪相仿的水手，不经意间在岩石缝隙里捡到一本破旧的船长日记。午睡后对日记一探究竟，一场场战斗的经过，翻到血迹斑驳的最后一页时的心惊肉跳……总之，码头上的一切深深地吸引着凡尔纳。在凡尔纳简单的生活里，他整日都在思索这样一些问题：庞大的船只是如何运转的？远处的海岛上是否生存着其他物种？启程远航的三桅帆船将要去往何方？尚特奈带给他远处海岛的芬芳，带给他对遥不可及的大海的联翩浮想,带给他一往无前的冒险的冲动。

　　码头上与商贩、船员们交谈的时间稍纵即逝,出海航行只是一场无法企及的梦。于是,凡尔纳一头扎进书的海洋,沉浸在书中那跌宕起伏的情节之中。《鲁滨孙漂流记》和《瑞士家庭鲁滨孙》是凡尔纳最喜欢的两本书,他幻想着自己有一天不幸遭遇海难,被海浪卷到一个荒无人烟的海岛上,最终凭借自己的聪明才智脱险。他赞美笛福笔下只身一人与野人打斗的鲁滨孙,崇拜鲁滨孙拥有搭建房屋、狩猎、知天文、懂地理的能力。终于有一天,天真烂漫的凡尔纳跑到尚特奈海边的一个小岛上去,他模仿鲁滨孙捡拾树枝为自己搭建了一个帐篷,将干枯的树叶堆放在一起,倚靠在树叶上取暖,听着帐篷外的海浪声进入梦乡。鲁滨孙的形象深深地印刻在凡尔纳的脑海中,他为自己制造了一次海难演习,他想成为这次演习的英雄,自己独享这一份荣耀。虽然卧在帐篷里静听远处大海的波涛声对凡尔纳来说是梦寐以求的事,可是当饥饿、寒冷来袭时,他却改变了主意:"这可不是一件好事,那些罹难者所遭遇的是一种怎样的经历啊。他们不但要对付饥饿,还要防止野人,多么可怕

博物馆内景

啊。"①海难演习在海水退潮后宣告结束,凡尔纳跑回家中,狼吞虎咽地吃起饭来。此时的凡尔纳第一次意识到海难并不可怕,可怕的是孤独与寂寞对人的吞噬。

  1874年《神秘岛》的问世弥补了凡尔纳海难演习的遗憾。小说中的工程师、仆人、水手、孩子和战地记者,为了摆脱战俘生活,在一个风雨交加的夜晚乘坐热气球逃离敌人的根据地。然而突如其来的暴风雨将他们抛弃在一个地图上都没有标记的荒岛上(凡尔纳给它起名为林肯岛),万幸的是所有人都活了下来。在《神秘岛》中,凡尔纳将对鲁滨孙的崇拜平均分配到这五个人身上,工程师史密斯知识渊博,利用海岛上仅有的资源生产钢铁、制造肥皂,负责解决技术难题,是众人的主心骨;水手潘克洛夫心灵手巧、身强力壮,成为庄稼和牲畜的管理者和饲养员;仆人纳布、年轻人赫伯特、记者史佩莱、猎犬托普,他们都为能够在林肯岛上生存下来努力发挥自己的本领。与《鲁滨孙漂流记》中只身一人的鲁滨孙不同的是,《神秘岛》上有五个"鲁滨孙",他们团结协作,将荒无人烟的林肯岛打造成梦寐以求的生存圣地。林肯岛上"鲁滨孙"们的关系不是传统鲁滨孙式的主仆关系,而是平等的人际交往,即使在救下罪恶滔天的犯人艾尔通后他们仍平等地对待他。也许,童年时的海难演习让凡尔纳体会到孤独的可怕,所以《神秘岛》中才会出现五位结伴、共同努力生存的"鲁滨孙"。

  在凡尔纳笔下,我们看不到殖民扩张的狂热和称霸世界、统领一切的"雄心壮志"。凡尔纳的"鲁滨孙"与《瑞士家庭鲁滨孙》一书中的"鲁滨孙"有许多相似之处,他们不喜欢孤军奋战,他们需要有家人、朋友的陪伴。

  "孤独、寂寞是可悲的,是令人难以忍受的……我是由于原以为人

---

① 孙天纬. 凡尔纳[M]. 长春:吉林出版集团,2008:41.

可以孤独地生活而死的。"①《神秘岛》中凡尔纳借尼摩船长的遗言与结局仿佛在向我们揭示：孤独并不可怕，可怕的是被孤独吞噬而不自知。"尼摩船长是个永恒的人物，因为他不仅是一个人的形象，而更重要的是代表人类；他的冒险活动正是人类为寻求重要的带普遍性问题的答案而进行的冒险，而绝非一个人为寻求解决微不足道的个人问题而进行的冒险。"②凡尔纳借"鲁滨孙"的形象冲破了民族与国家的界限，放眼全世界，站在全球人民的立场上思考困扰全人类的普遍问题。

凡尔纳让笔下的人物代替他去探寻海洋深处的孤岛，让无数勇敢、刚毅的"鲁滨孙"帮助他实现梦想。童年时对神秘莫测的大海的神往和渴望一显身手的梦终于在《神秘岛》中实现了。凡尔纳的"鲁滨孙"们代表的是普普通通的人类个体，他希望人类在遭遇不测时能团结合作、百折不挠。

文明的批判者

"我一生中最大的遗憾就是人们没有在法国文人中给我一个位置。我不属于法国文学。"③这是凡尔纳在多次争取进入法兰西学院无果后发出的无奈喟叹。在批评家眼中，凡尔纳只不过是常识的普及者，他没有达到雨果的人道主义精神高度，他的作品也无法与巴尔扎克深刻的现实主义匹敌。然而，这恰恰是那些所谓的批评家们的错误所在，凡尔纳的成就正是在于他不局限于雨果的人道主义，也不被巴尔扎克的现实主义拘束，他将自己对人性的美好追求、对那些所谓的"文明"的批判、对野蛮行径的鞭挞，用一种独特新颖的审美方式表达出来。的确，凡尔纳不属于法国，他属于世界，他的科学幻想小说以一种非严肃的方式，表

---

① 凡尔纳. 神秘岛 [M]. 邓月明，郭丽娜，译. 北京：北京燕山出版社，2000：353.
② 德基斯. 科学诗人凡尔纳 [M]. 袁文燕，译. 北京：作家出版社，2007：156.
③ 德基斯. 科学诗人凡尔纳 [M]. 袁文燕，译. 北京：作家出版社，2007：87.

博物馆内的展品

达着他作为文人承担起的批判人类无视过度文明和进步带来的风险的严肃态度。

1848年8月1日，凡尔纳在朋友的帮助下走进众议院，看到了一场围绕新闻自由和戒严为主题展开的激烈辩论。在那里，他见到了他的偶像——雨果。也许，凡尔纳的人道主义情怀就是在那一天被激发出来。乐于旅行的凡尔纳在利物浦街头目睹了工业文明对底层民众带来的打击：流浪街头、沉迷酒精、衣衫褴褛、流落风尘……他眼前这个悲惨的世界取代了繁华的工业区，他试图通过作品警醒世人：人类的力量固然伟大，但人类试图改变自然、征服自然的企图是永远无法实现的。

《神秘岛》中林肯岛上的移民们凭借聪明才智，经过四年的辛勤劳作获得了一处原以为永远不会消失的世外桃源，但最终这个小岛却毁灭在一次火山爆发中，只剩下一块突起的岩石屹立在太平洋中。凡尔纳承认人类力量之伟大，但人类在自然面前却是极其渺小和不堪一击的。凡尔纳也许幻想过圣西门式的社会主义，但《神秘岛》的结局则表明他并未执着于这种乌托邦式的生活。工业社会的到来代表着人类智慧的进步，却破坏了人与自然、人与人之间的关系。自然不会因人类而改变自身的规律，如果人类违背自然规律进行无节制、过度开发，则只能导致悲惨的结局。林肯岛的毁灭只不过是一瞬间的事，凡尔纳委婉地提醒人类：敬畏自然，适度发展，不要让曾经的美好成为过眼云烟。

凡尔纳作品中有对美好人性的赞美，也有对人性弱点赤裸裸的批判。凡尔纳生活时期的资产阶级已经开始由资本原始积累阶段向资本垄断阶段过渡，个人致富、不惜一切手段牟取利益的想法在社会上潜滋暗长，"金钱统治一切"几乎成为生活常态，道德沦丧，价值扭曲……人类的美好本性正在被金钱毁灭。1895年，凡尔纳在《机器岛》中创造了一座庞大的极尽奢华的机器岛，岛上的电车川流不息，路面由防腐木砖铺成，拉斐尔、达·芬奇等文艺复兴巨匠的作品比比皆是，岛上居民都是亿万富翁，文化与娱乐设施应有尽有，岛上没有任何法律纠纷且居民死亡率极低。总之，这座具有螺旋桨可自由移动且常年停留在热带地区的人工岛完全符合人类对美好生活的所有幻想，这里简直就是理想中的世外桃源。然而正是在这座完美无缺的机器岛上，人性的美好在逐渐丧失，冰冷的金钱与权力正在腐蚀人类的灵魂，贪婪、无知、荒唐等低劣品质不加掩饰地暴露出来。机器岛的左右两舷区陷入权力争夺，导致来自不同

小憩吧，凡尔纳（卧室一隅）

舷区的两个年轻人华脱和考伐兰，不得不掩饰相爱的事实。在经过一系列惊心动魄的争斗后，左右两舷区戏剧性地重归于好，原以为爱情能够修成正果的两人，却又因左右两舷区选举未能达成一致，而无法举行婚礼。左右两舷区的主席分别向各自的推进机发布命令，机器岛变成了一只陀螺，华脱与考伐兰选择逃离机器岛，最终在新西兰结为夫妇。原本衣食无忧、一应俱全、可以一直运转下去的机器岛却因不良竞争、统治者对权力和欲望的无节制追求走向毁灭。荒唐可笑的人类在岛上上演了一幕幕啼笑皆非的闹剧，人类用自己的聪明才智换来栖居良所，却又用贪婪和无知将自己成功毁灭。在资本主义日益强盛的19世纪，未来的世界是否会重蹈覆辙？《机器岛》是对美国文明的讽刺，对美元文明的批判。1896年的《金火山》则是对"淘金热"的讽刺和金钱至上的批判。淘金者是一群亡命之徒，即使搭上性命也要把黄金带回来，他们不惜改变火山喷发时间，人为向火山口注水，最终金火山喷发出来的黄金落入北冰洋，淘金者空手而归。凡尔纳对极端的贪婪者的痛恨之情，在《第二祖国》《在马热拉尼》和《追逐流星》中都毫不掩饰地流露出来，淘金者最终一无所获甚至赔上性命的结局，不正是对资本主义社会金钱统治一切的辛辣嘲讽吗！

"他的目标不是财富，不是世俗的名利，也不是简易文学，而是通俗文学"[①]，凡尔纳在通俗文学中尽到了一位作家、一个人文主义者的职责。文艺复兴、启蒙运动实现了人的解放，但工业社会的发展和资本主义的进一步深化带来的文明又产生了新的问题。凡尔纳毫不掩饰自己对人类智慧的歌颂，他创造美好但也不避讳美好的毁灭；他反思过度进步，批判"文明"。"凡尔纳通过他的创作实践充分证明了：一个杰出的科幻小说家，同杰出的诗人、画家、剧作家或一般小说家一样，是运用特殊的审美手段来揭示社会生活前进脉搏的巨匠。作家，首先是一个思想家，

---

① 德基斯. 科学诗人凡尔纳[M]. 袁文燕，译. 北京：作家出版社，2007：7.

一个关心着人类发展命运的人。"①的确，凡尔纳做到了，他用通俗的语言甚至不切实际的幻想来表达深邃的思想，他立足全世界，关怀全人类。值得庆幸的是，凡尔纳并未去刻意逢迎当时文学评论界的喜好，正因他的一意孤行，开启了文学界新的篇章。我们是何等幸运，能在今天看到那个不加掩饰、锋芒毕露的凡尔纳。

一往无前的战斗者

传记作者让·保尔·德基斯说凡尔纳是一位科学诗人，他的小说能让人"从科学中看到知识、从众人的求知欲中看到一个新社会的源泉"②。他在世外桃源中能看到潜在的危机，他面对现实生活的丑陋极力渲染人性的美好，他讴歌智慧，敬畏自然；他抨击黑暗，一往无前；他乐观开朗，向往自由。凡尔纳是一位科学家，其作品的科学性具有教育与启迪意义；他是一位诗人、一位作家，其作品中天马行空的想象与传奇的冒险经历始终吸引着无数读者；与此同时，他更是一位战士，他的敌人是社会的黑暗与卑劣的人性，实现人类的自由与幸福是这场战争的最终目标，友情、亲情、善良、豁达、乐观等人类特有的美好品质正是凡尔纳的武器。

与莎士比亚经典作品中独自承受一切的忧郁主人公不同的是，凡尔纳作品的主人公不是悲壮的，也没有在孤独中悲壮地枯萎，他的每部作品都有堂吉诃德式的经典友谊，字里行间流露出乐观的态度。

凡尔纳一生都无法忘怀家人对他从事文学事业的支持，他感激弟弟保尔在成家后仍能够和他一起乘船出海远航，他的出版商赫泽尔先生则成为他讨论创作、倾诉生活琐事的挚友，有家人与朋友陪伴的凡尔纳是

---

① 徐知免. 论凡尔纳[J]. 外国文学研究，1986(02)：49-54.
② 德基斯. 科学诗人凡尔纳[M]. 袁文燕，译. 北京：作家出版社，2007：7.

凡尔纳雕像

幸福的。正是亲身经历了人性的美好，凡尔纳才不忍心眼睁睁地看着这些美好消失殆尽，他要用手中的笔来保护好人性中的美好品质。他尽力让笔下的人物不孤独，他的作品总是在不经意间流露出对亲情和友情的珍视。在凡尔纳的作品中，踏上冒险旅行的往往不是一个人而是多个人，如《八十天环游地球》中的福格先生与仆人路路通，《地心游记》中的地质学教授与侄子，《神秘岛》中的一行五人，《格兰特船长的儿女》中的船长、夫人、儿女等。凡尔纳不赞同个人英雄主义，他追求的是集体中的每个人都朝着同一个方向努力。《八十天环游世界》中的路路通在主人到达印度时仍旧认为主人过两天就会回家，环游地球只是主人一时兴起做出的决定。但在长途跋涉中，具有金子般品质的福格先生彻底改变了路路通的态度。当火车中途停运时，当恶劣天气阻止了前行的脚步时，每当发生紧急情况时，路路通比谁都着急上火，仿佛输了这场比赛损失的两万英镑是要他自掏腰包一样。家人、朋友的陪伴是凡尔纳成功路上的基石，虽然儿子米歇尔·凡尔纳着实让他头痛，但他能够在小说中找到自己理想的儿子形象来宽慰自己。他从不执着于现实生活中的失利与惆怅，他一头钻进文学的世界，用诗意的情怀填补生活的遗憾，用乐观的态度抒写诗意人生。

凡尔纳为全人类战斗的同时也在为自己战斗。凡尔纳为自己制定了从事文学创作的目标，并在追求目标的过程中实现了自身的完善。从创作剧本到第一次尝试小说创作，从普及科学知识到熟练运用科学知识解决问题，从诙谐幽默到嬉笑怒骂皆成文章，他将人生百态、对世界的体察写进小说,实现了浪漫与现实的融合。他明白人类必须赋予生存以目的,乐观的态度也许会化解一切危机,他赋予《神秘岛》中的移民们过人的智慧与乐观坚定的信念。他愤世嫉俗、支持正义,歌颂人性中善良的品质,他让尼摩船长临终前尽一切可能为移民们谋求生的希望。他唾弃不惜一切手段获得金钱与利益的行为,他有十几部作品贯彻了金钱可以统治一切但也可以毁灭一切的主题。他是一位作家,更是一位思想的战士,他不知疲倦、笔耕不辍,只为维护美好人性,实现人类的自由与幸福。晚年的凡尔纳仍然埋头写作,以至于在他去世多年后仍有小说陆续发表。凡尔纳外表庄重严肃、不苟言笑,但他的作品富含诗意、热情满满,他那深邃的思想会随着他幽默、传奇的作品一直延续下去。

色彩斑斓的南特是凡尔纳的梦开始的地方,阳光充沛的尚特奈记录了凡尔纳的传奇冒险,辉煌浪漫的巴黎是凡尔纳奋力一搏的希望之地。最终,静谧安宁的亚眠留住了他的脚步,这里因凡尔纳的到来而充满了自由的气息。"我只爱自由、音乐和大海!"[1]1871年,凡尔纳在亚眠定居,并在这里度过了人生的最后30年,《海底两万里》《神秘岛》等畅销作品在这里诞生。时间没有遗忘凡尔纳,一个多世纪后,我们还能够在以

飞来的故事

---

[1] 德基斯. 科学诗人凡尔纳[M]. 袁文燕,译. 北京:作家出版社,2007:95.

凡尔纳名字命名的亚眠马戏场中听到美妙动听的音乐与热烈的掌声。站在他曾经写作、办公的塔楼上向窗外望去，他笔下的人物仿佛重新出现在亚眠的街头巷尾，他们守护着凡尔纳，呵护着亚眠甚至法国乃至全世界乐于幻想的青年们的梦。圣德尼沙龙里，以凡尔纳小说人物为主题举行的舞会仿佛就发生在昨天。进入亚眠学院、成为议会议员、发展乐团、发表"2000年漫步亚眠"主题演讲……在亚眠，凡尔纳实现了对自由的追求，"但愿个人能够在其自由得到充分保证的条件下得到发展，而集体则能享受由所有个体造就的整体幸福"①。

"一无所有的人才是真正自由的人。"②1905年，凡尔纳在亚眠的居所内沉沉睡去。凡尔纳终于得偿所愿，他将在梦中畅游，奔赴神秘的大海，在大洋一隅当一个自在的"鲁滨孙"。他一定去了南特，去了尚特奈，找到了林肯岛；去了太平洋，为尼摩船长献上一朵白菊；或许现在的他正在金火山下观察火山爆发前的天空。他是否会加入淘金者的队伍呢？定然不会！他还要忙着赶去英国看望他的老朋友福格先生，说不定他们正计划着再来一场环球旅行。

"科学"与"幻想"也许只是我们强加给凡尔纳的标签，当所有繁华与赞誉统统褪去后，我们发现，凡尔纳与雨果、巴尔扎克等文学家们一样，都是用笔进行战斗的文学战士。凡尔纳无意于普及科学知识，也不热衷于预测未来，他只想全身心地投入到自己热爱的文学事业中，和其他作家一样，他做到了驱逐黑暗、讴歌人性。他完全有资格登入法兰西文学殿堂，若非如此，法国文学的魅力则会大打折扣。今天，很多与凡尔纳同时代的作家早已销声匿迹，但凡尔纳仍凭借《海底两万里》《八十天环游地球》等小说时常位居畅销小说榜榜首。无论是文学作品、电影艺术还是在现实生活中，我们都能找到凡尔纳的影子，时间证明了

---

① 德基斯. 科学诗人凡尔纳[M]. 袁文燕, 译. 北京: 作家出版社, 2007: 130.
② 德基斯. 科学诗人凡尔纳[M]. 袁文燕, 译. 北京: 作家出版社, 2007: 130.

博物馆远景

凡尔纳的魅力，儒勒·加布里埃尔·凡尔纳已经成为法国文化遗产的一部分。正如他在诗中歌颂的那样："我不知道；但我平静地，怀着不羁的思想飞向天顶，飞向绚烂的三角楣！"① 理想与远方是凡尔纳的世界，大海与航行是凡尔纳的归宿，在另一个世界，凡尔纳怀着探索梦想尽情地徜徉在大海之中。

（撰稿：田甜）

---

① 德基斯. 科学诗人凡尔纳 [M]. 袁文燕, 译. 北京：作家出版社，2007：129.

参考文献

德基斯. 科学诗人凡尔纳 [M]. 北京：作家出版社，2007.

凡尔纳. 科幻小说之父凡尔纳传 [M]. 长沙：湖南科学技术出版社，1999.

凡尔纳. 神秘岛 [M]. 邓月明，郭丽娜，译. 北京：北京燕山出版社，2000.

凡尔纳. 金火山 [M]. 周国强，译. 桂林：广西师范大学出版社，2002.

凡尔纳. 机器岛 [M]. 邱公南，译. 西安：太白文艺出版社，2005.

凡尔纳. 海底两万里 [M]. 杨松河，译. 上海：上海译文出版社，2007.

凡尔纳. 格兰特船长的儿女 [M]. 陈筱卿，译. 北京：中央编译出版社，2015.

凡尔纳. 地心游记 [M]. 陈伟，译. 南京：译林出版社，2016.

凡尔纳. 八十天环游地球 [M]. 白睿，译. 南京：译林出版社，2017.

鲁迅. 鲁迅全集第十卷 [M]. 北京：人民文学出版社，2005.

孙天纬. 凡尔纳 [M]. 长春：吉林出版集团，2008.

徐知免. 论凡尔纳 [J]. 外国文学研究，1986(02).

左　拉

　　巴黎郊外，在一个风景如画的小岛旁边，坐落着一座典雅的小庄园，这里景色别致，塞纳河从它的旁边流过，波瓦西森林环抱着它，山明水秀，草木葱郁，是个极适宜写作的佳地，这就是左拉的梅塘别墅。这座别墅每年都吸引着无数文学青年，他们为了感受大作家左拉的生活与艺术气息慕名而来，流连忘返。

　　1877 年，左拉《卢贡·马加尔家族》系列小说之一的《小酒店》发表了，这部小说一经发表即获得巨大成功，畅销全国，为左拉赢得巨大声望的同时，也使其得到了一笔数目可观的稿酬，这笔稿酬就成了梅塘别墅的建设资金。当时的梅塘别墅所在地还只是一块草木杂生的荒地，善于开拓的左拉选择并购买了它，在这里尽情发挥着他的艺术才能。他亲自为别墅设计图纸，并和夫人一起监督工人施工，最终按照自己的设想和愿望，把梅塘岛上的这块荒地，变成了一座美丽的庄园。

　　左拉的设计非常有创意，别墅主体是一座方形的高楼，外观宏伟且典雅庄重，紧挨着高楼脚下是一所低矮的小屋，两相映衬，颜色互补、平衡，就像是巨人和小矮人站在了一起。房子的设计由左拉负责，房舍的周围就成了左拉夫人的天地。在高楼和小屋前面，左拉夫人又精心布置了一个小花园，她将附近的草地用篱笆圈起来，在其中设计建造假山，铺上精细的草坪，种上各种花草树木，为左拉打造了一个舒适愉悦的生活与写作环境。左拉的大部分小说，像《娜娜》《萌芽》《人面兽心》《金钱》《崩溃》和《巴斯加医生》等，都是在这座美丽的庄园里完成的。梅塘镇，这个名不见经传的小镇，也在左拉的影响下，成为一座文化气息浓郁的名城。

在19世纪的法国文坛，名家辈出，巨著云集，而左拉凭借他的鸿篇巨制在其中占据了重要位置。他是自然主义的提倡者，而在政治生活中，左拉也表现出坚定的正义立场。他爱憎分明，尤其是在德莱菲斯事件中，为了维护正义，哪怕牺牲自己的生命也在所不惜，他是一位真正的战士！法国著名作家米尔博曾高度评价左拉，认为他在自己天才的力量和坚韧不拔的勇敢精神的支持下，笔直地向前迈进，并且出色地打开了突破口。他从未卑躬屈膝地让步，他从不搞大阴谋和耍小诡计……这就是左拉。

与贫穷赛跑

1840年4月2日，在父母的一次短途旅行中，爱弥尔·左拉在法国巴黎的圣·若瑟夫街10号诞生了。爱弥尔·左拉的父亲名叫弗朗索瓦·左拉，原籍是意大利，祖祖辈辈都是军人；母亲是希腊人，名叫欧白尔·爱米莉·俄尔丽，是一个手工业工人的女儿。父亲弗朗索瓦·左拉先在约瑟亲王军团供职，后因拿破仑垮台，退伍成为一名工程师。由于职业的关系，他到过德国、英国、荷兰、意大利、奥地利等多个国家，几乎走遍了整个欧洲。1839年，弗朗索瓦·左拉在巴黎旅行期间，与左拉的母亲邂逅，两人一见钟情，不久就结婚了。弗朗索瓦·左拉年轻有为，事业有成，夫妻二人非常恩爱，左拉在这种家庭环境下度过了无忧无虑的童年时光。但是，幸运女神没有在左拉身边长留，在他7岁那年，父亲被一场急性肺炎夺去了生命，左拉家的生活也因此出现了一个巨大

左拉故居（法国巴黎）

的逆转。父亲尚未完成的工程留下了许多债务，债主们上门清账，而先前欠左拉父亲钱款的人却趁机赖账，法庭接连不断的传讯与审讯，夺走了左拉与母亲的幸福生活，也耗尽了这个家庭的所有积蓄。在无休止的诉讼和金钱的纠葛中，能够给左拉和母亲一点温暖和关怀的只有他的外祖母。不幸的是，1857年，左拉的外祖母去世，母子二人彻底失去了生活的依靠，便将身边所剩不多的衣物和财产变卖，从爱克斯城搬到了巴黎，这对当时还只是中学生的左拉造成了很大的伤害。厄运与生活的重负使这个十几岁的孩子，一次又一次地承受着他这个年纪不该承受的打击。

到了巴黎之后，爱弥尔·左拉依靠奖学金读完了中学，但是两次学科大考都以失败告终。因为家境贫穷，左拉不可能继续求学，但他既没有文凭，也没有经验，根本找不到一份理想的工作，从此开始了与贫穷的抗争。1860年，在别人的介绍下，20岁的左拉终于在海关街一个货栈里找到一份仓库管理员的工作，但每月微薄的60法郎的工资根本无法糊口，更别提接济家庭了，因此两三个月之后，左拉提出辞职，决定另找出路。但是出路在哪里呢？左拉茫然极了。贫穷一直跟随着他，左拉拼命奔跑想甩开它，可是怎么也甩不掉。在寄给好友巴伊的一封信中，他讲述了自己在寻找工作时的经历和心情："一年多以来，为了寻找职业，我进行了一场顽强的狩猎。如果说我为此跑得还不算慢的话，那么职业却比我跑得更快……我走进门去，碰见浑身上下穿着一色黑的那么一位先生，正弯着腰背，伏在一张堆满东西的写字桌上……于是，一连串的问题和一连串的对话开始了，无论到哪里，都是一模一样，差不多都是如此：是否正楷字写得好？是否懂得簿记？曾在什么部门任过职？有何特长？诸如此类……然后跟着就是：来谋职的人太多，本办公室尚无空缺，职位全都满了，请少安毋躁，另去别处谋职。而我呢，痛苦至极，赶快逃出来，心里难受，又不成功，但是也很满意幸而没有留在那间小黑屋子里。我简直感到我的全部良知、全部爱心、上帝赋予我的一切，都在我的身体里面颤抖着，我诅咒这社会，它只知道拿人的最可厌的本能来使用，拿人当一个机械看待，我祈求着去做这么一个机械，这一点我感到极大的厌恶。"① 他的心灵被一次次的盘问和拒绝打击着，物质与精神的双重痛苦一直折磨着左拉，而最终，他还是没能找到一份令他满意的工作。他不断地搬家，从一间狭小的房子搬到房租更加便宜的亭子间，既没有炉火可以取暖，也缺乏灯光照明，只能买来几支蜡烛，用以读书写作。他没有钱吃饭，一顿午饭只能吃一小块面包、一个苹果或者一小角干酪，去美味的餐馆吃饭对他来讲简直是天方夜谭。整个冬天，他全靠吃油浸面包过活，贫穷一直陪伴着他。难能可贵的是，在如此艰苦的环境下，左拉也没有放弃对文学的喜爱，他白天外出求职，晚上就在微弱的蜡烛光下读书写作。很难想象，在这种困难的境况下，左拉竟然创作出了极具浪漫主义激情的诗集《恋爱的喜剧》。

1862年，左拉终于在阿舍特书局找到了一份正式的工作，虽然这

---

① 左拉. 左拉文学书简[M]. 吴岳添，译. 合肥：安徽文艺出版社，1995：38.

是一份杂务性质的工作，每天的工作内容不过是钉箱、打包、搬运一类的体力活，但是每月一百法郎的薪资最起码能够勉强维持他的生活了，并且书局的工作也给左拉提供了实现文学梦想的机会。他为了让自己的文学创作才能显现，在老板的办公桌上放了自己创作的《恋爱的喜剧》书稿，阿舍特先生看到后，对左拉的才华大加赞赏，当场让他转到出版部门，工资也涨了一倍。这对于左拉而言并不单纯是解决了生存的问题，更是其创作生涯的一大转折，他不需再为基本的生存问题担心，他有了更多的时间去进行他所喜爱的文学创作，有了实现文学梦想的机会。他的第一部短篇小说《穷人的妹妹》被认为过于富有革命性而未能发表，但是这并没有打击到左拉文学创作的热情。他坚持创作，在1864年10月，发表了中篇小说集《给妮农的故事》，这是左拉发表的第一部文学作品，标志着左拉创作生涯的真正开始。但是这部小说集与我们所了解的左拉风格完全不同，严格地说它不是一部自然主义作品，其中充满了强烈的浪漫主义色彩，更像是一部童话故事集，其中《森普利斯》写一个王子因为厌倦了无聊的宫廷生活而投身大自然的怀抱，最后为了追求源泉女神，嘴里衔着一朵白色的玫瑰花在泉边死去；《大西顿与小曼德利漫游记》写了一个巨人和一个侏儒的一段神奇的历险故事；《血》以战争的幻象来表达对战争和暴力的厌恶，充满了寓言色彩……这本小说集明显受到缪塞、拉伯雷的影响，充满浪漫主义的优美情调，语言像诗一样富有感染力，受到评论界的好评，这给了左拉很大的信心。之后，他开始创作长篇小说。一年之后，他的第一部长篇小说《柯劳德的忏悔》问世了。这部小说虽然没能摆脱缪塞的影响，但是有了新的突破，作者在描写浪漫情节之外，对贫穷知识分子的生活状况进行了真实的描写，并且开始触及资本主义社会的某些罪恶，初步显示出左拉在现实主义文学上的探索。在这部小说中，左拉对男女情欲进行了真实的描写，带有明显的自然主义倾向。也正是因为这些真实的情欲描写，左拉遭到了严厉的声讨，检察官认为"该作者于所著书中专以分析可耻的情欲为乐"，顿时围剿之声四起。加之左拉曾经在一份已被查封的共和派小报《劳动》上发表过诗作，并与一些激进青年保持着联系，警察因此搜查了左拉在阿舍特书局的办公室，这让书局老板感到非常恐慌，最终辞退了左拉。从此，左拉开始将全部的精力都投入到了文学创作和文学理论的探索上，开始在文坛大显身手。

自然主义大师

说起左拉，不能不谈及他与自然主义的关系。左拉被认为是自然主义文学大师，是自然主义最杰出的代表，他用丰厚的作品，赋予了自然主义这个词汇以真正的含义，并从理论上为自然主义建立了一套与自然科学息息相关的文艺思想体系，这些思想体系主要集中在他的《实验小说论》《自然主义戏剧》《我们的戏剧创作家》和《自然主义小说家》之中。"自然主义"这个名词并不是由左拉首先提出的，它原本是一个哲学概念，指的是一切存在的事物都处在自然法则之中，除此之外不存在任何超自然的物质。1858年，文学评论家泰纳首先在文学领域引入了这个概念，

古典精致的小院

故居的窗户

之后，不断有作家开始进行探索自然主义的创作实践，而左拉就是其中强有力的一员。左拉的作品，从不粉饰太平、逃避现实，他敢于直言，毫不掩饰地描写社会的丑恶，揭露和批判社会的各种弊端与罪恶，笔锋锐利，切中时弊。

但是，当我们阅读左拉早期的小说时，可能很难将其与自然主义联系到一起，这是因为左拉的创作存在着一个风格转变的过程，这也是左拉不断探索文学世界、构建自己文学观的过程。左拉早期的文学创作，很明显地受缪塞、拉伯雷等浪漫主义作家的影响，比如他早期的《恋爱的喜剧》《给妮农的故事》等都带有明显的浪漫主义色彩。短篇小说集《给妮农的故事》中的八个短篇，有的像童话，有的则是随笔和速写，左拉用优美的语言、诗一般的韵味、丰富的想象和清新的笔调，表达着对社会丑恶的厌恶、对战争的反感、对理想生活的向往，希望达到惩恶扬善的目的，带有浓浓的浪漫主义色彩。之后，富于开拓性的左拉开始探索全新的艺术世界，他的第一部长篇小说《柯劳德的忏悔》是其摆脱浪漫主义的试验之作。在这部小说里，我们能够看到带有左拉生活经历的写实色彩，真实地展现了贫穷知识分子的生活。

1867年，左拉发表了长篇小说《戴蕾斯·拉甘》，这是左拉第一部能够真正体现其自然主义理论的作品，是其创作生涯中具有里程碑意义的一部小说。小说写的是一个通奸犯罪的故事，女主人公戴蕾斯·拉甘为了满足自己的生理需求，不惜通奸犯罪，但是，生理欲望得到解决的同时却造成了戴蕾斯自我人格的毁灭。在这部小说中，左拉完全抛弃了前期浪漫主义的写作风格，而把目光投向了现实社会和在其中生活的人。他用研究的眼光紧紧跟随着戴蕾斯和洛朗两个人物，关注他们的欲望和心理变化，解剖人物的精神状态和心理变化，同时又将心理与生理的变化交织在一起，把爱情、情欲、悔恨、谋杀和生理冲动缠绕在一起，真实生动地呈现给读者。第二年，左拉又写了《戴蕾斯·拉甘》的姊妹篇——《玛德莱娜·费拉》。这两部小说的故事情节有些相似，都是通过男女三角关系来反映人类道德上的污点与失足引起的心理变态。不同的是，《玛德莱娜·费拉》更加侧重于描写人物生理与心理的分裂与冲突，探索道德与灵魂对肉欲的谴责，揭示灵与肉之间的深刻矛盾。小说中有很多对于肉欲的大胆描写，这在当时的社会上引起了巨大的争议。检察官指责左拉的小说伤风败俗，强制停止它在报纸上的连载。左拉对此毫不示弱，他自己出资将整部小说印成单行本发行，以此表示对庸俗的检察当局的不屑。他认为，作家的职责就是把生活中最真实的东西揭示给人看，他说："如果我们在人们的心灵深处掀出来很多丑恶的东西，那是想让人们有所畏惧，让人们改过知非。"[1]这种愿望，当然不受道貌岸然的当权者欢迎，因此他们想尽各种办法打压左拉的这种揭露现实的创作。但是，左拉从始至终都不向恶势力低头，他之后的系列作品，《卢贡·马加尔家族》《三名城》和《四福音书》都揭露了现实社会真实的罪恶。这个亲身经历过贫穷与饥饿的青年清楚地知道，在法国第二帝国看似强大的外壳下，在灯红酒绿的繁华背后，还有一个完全不同的世界，那个世界里有小酒店、贫民窟、洗衣坊、矿井、坑道、工厂、农村的集

---

[1] 吴元迈，卢仁龙. 世界文学经典导读：第22册[M]. 长春：时代文艺出版社，2001：12.

市、农舍、大城市的菜市场、肮脏的街道、交易所、妓院等过去不为文学所道的地方,充满了贫穷困乏、鄙陋愚昧和肮脏不堪,而他的作品恰恰就是要暴露这个世界。他的小说描写面如土色的人群,描写昏暗的工厂、矿井和办公室,描写在煤气灯下徘徊的妓女,描写酒店中那些在酒精中追求麻醉与遗忘的工人们……描写他所看到的那种真实。

如何才能做到真实呢?左拉的做法是在文学创作中引入科学实验的方法,这主要有两重含义:其一是对于描写的对象不存先入之见,以客观的态度去观察研究生活。他明确地否定浪漫主义文学特别强调的想象力,他认为说一个作家有想象力不是赞扬,而是贬责。他甚至减少作品的主观色彩和激情,尽量做到冷静和超脱。左拉科学实验方法的第二重含义是指作家回到自然,通过直接观察、精准剖析,来接受和表现现实。为此,他设计了一套创作流程。他提出,如果一个自然主义小说家想要写一部关于戏剧界的小说,那么他首先关心的是从他的笔记里收集他所描绘领域的一切知识。他要和最内行的人交谈,收集有关的词汇、故事和肖像,参考一切对他有用的材料,最后,他还要参观故事发生的地点,看清楚每一个细小的角落,他应该在一个剧院里住上几天,在女演员的化妆室里住上几个夜晚,尽可能地感受周围的气氛。一旦材料备齐了,他的小说就基本形成了。左拉身体力行地实践他的这一套创作流程,在每部小说动笔前大量阅读和收集有关的书籍和资料成了他写作的一种习惯,此外,他还特别重视进行详细的实地考察,以求真实准确地再现社会面貌。

《卢贡·马加尔家族》

在完成大量文学理论的探索和实践之后,左拉开始计划一项浩大的文学艺术工程,那就是创作《卢贡·马加尔家族》。左拉曾自信地宣称:"我

故居一隅

要做巴尔扎克曾对路易·菲力普朝代所做过的那种工作。"① 因此,他效法巴尔扎克,以《人间喜剧》忠实于生活的态度,用一系列连续性的文学作品,组成一个庞大的家族体系,即《卢贡·马加尔家族》系列。这套小说最初的计划是由 10 部作品组成,每部小说都保持自身故事的完整性,同时,彼此之间又有着强有力的线索贯穿联结,构成一个有机的整体。第 1 部写卢贡·马加尔家族的起源,第 2 部写这个家族黄金的年青时代,第 3 部写第二帝国时代的投机事业,第 4 部写官吏和政界,第 5 部写一个教士灵魂里的自然本能和宗教的冲突,第 6 部写军界,第 7 部写工人,第 8 部写交际界,第 9 部写艺术家,第 10 部写司法界。后来,左拉改变了某些主题,把这套小说由 10 部扩大到 20 部,不过基本观念仍然保留下来,没有改变。由 20 部小说组成的《卢贡·马加尔家族》内容几乎涉及法兰西第二帝国社会生活的各个方面,诸如政治、军事、宗教、农业、金融、商业、科学、艺术等,约 600 万字、1200 个人物,其中包括王公贵族、资本家、工人、农民、医生、演员、神父、店员、小贩、妓女、无业游民等。在这 20 部长篇小说里,左拉描写了卢贡家族的来由和彼埃尔·卢贡通过投靠帝国反对共和暴发的经过,

---

① 李尔刚,李丹晶. 自然主义大师左拉述评[M]. 海口:海南出版社,1993:23.

故居指示牌

展现了法国第二帝国时代一个家族的自然史和社会史。左拉在创作之初就拟订了总计划，他在出版《卢贡·马加尔家族》系列的第1部小说《卢贡家族的家运》的卷首总序中明确了自己的写作计划和意图。他写道："我想解释一个家族，一小群人，如何在一个社会里面立身处世，这家族在发展之时，产生了十个，二十个份子，他们在头一眼看来，好像是极不相似，然在分析之后，却显露出他们是深切的互相关联的……"①

左拉在这20部长篇小说中，集中描写了卢贡家族5代34个人物之间错综复杂的关系。左拉十分注意家族间的血缘遗传，第1代中的3人，除卢贡之外，老祖宗福格患有癫狂症和痉挛症，马加尔则精神有点失常，好酗酒。这样，酗酒加上神经系统的不健全便导致两人的后代往往存在生理或者人格缺陷。其结果是第2代中有一个酗酒者，第3代中则出现了4个病态者，另有两人也深受基因遗传之影响，第4代中有9个是病态者，分别患有痴呆症、宗教狂、神经过敏或歇斯底里症，第5代的4个后代中有3个在幼年时即死于先天性疾病，只剩下一个没有名字的遗

---

① 左拉. 卢贡家族的家运[M]. 林如稷，译. 成都：四川文艺出版社，2018：3.

腹子。在以上家族谱系中，左拉突出了吕卡思医生的遗传学规律，祖先的疾病以一种命运般的必然性遗传到了子孙后代。这种遗传有的是所谓"熔接性"的，有的是"散布性""混合性""平衡性"的，遗传中还有间接性遗传和反复性遗传，并随着环境的差异表现出不同。在不到一个世纪的时间里，这个家族就这样命中注定地受到遗传的伤害，决定了几代人的衰败。但是，吕卡思的遗传学定律存在很多的漏洞，他过分夸大了遗传的作用，实际上单凭遗传学说，并不能解释那些应由社会负责的罪恶，人们的悲剧命运也并不是单纯由生理学的因素决定的，更多的是由于现实社会中罪恶的资本主义制度造成的，而左拉的创作受遗传理论的影响，会存在不能深刻反映社会本质的弊端。

尽管左拉十分注意家族间的血缘遗传，但写作过程中遗传问题越来越让位于社会问题，涉及政治、经济、军事、宗教、科学、艺术等多个领域，使之成为广泛反映资本主义现实社会的宏大史诗。这也是左拉构建《卢贡·马加尔家族》时的另一个目的，那就是通过这个家族各个成员的社会活动，展现整个第二帝国时代的全貌。在这部家族史小说中，他自觉地进行了洞察和描写社会的工作。左拉从路易·拿破仑建立第二帝国开始写起，一直写到帝国崩溃。在第一部《卢贡家族的家运》中，通过一个小城在"政变"前后出现的种种现象，他深刻描写了路易·拿破仑在法国发动政变的罪恶活动以及第二帝国的建立，在第十九部《崩溃》中，他如实地展现了第二帝国在普法战争中的溃败和覆灭。其中还有揭露资产阶级卑劣的政治阴谋与拼命往上爬的《卢贡大人》，描写围绕土地所有权争夺而引发人性之恶的《土地》，暴露当时制度下社会道德普遍堕落的《娜娜》，表现下层人民悲惨生活场景的《小酒店》等。左拉在长达20年的时间里，通过20部长篇巨著，把卢贡·马加尔家族的全部成员分布到社会的各个阶级和各种社会环境之中，通过描写1000多个人物的活动，展现了第二帝国的政治社会生活和道德精神面貌。他继巴尔扎克之后，继承了现实主义文学的伟大传统，使《卢贡·马加尔家族》在法国乃至世界文学史上占有极其重要的地位。

梅塘岁月

《卢贡·马加尔家族》为左拉赢得了极高的声誉，同时也改变了他一直以来饥寒交迫的处境。1878年，家族史小说中的第7部《小酒店》出版之后，左拉搬到了梅塘别墅，在这里度过了愉快的时光。生活环境的安定和舒适为他提供了一个良好的写作环境，他在此期间创作了大量的文学作品，除了偶尔编写过几个剧本之外，他几乎每年都能完成一部长篇小说，有条不紊地完成《卢贡·马加尔家族》的创作计划，为他那座宏伟的艺术大厦添砖加瓦。

在写作之余，左拉和夫人的日常生活也充满着无限的乐趣。梅塘别墅记录着左拉和夫人的生活趣事，见证了二人和谐幸福的爱情故事。每当春天来临的时候，左拉和夫人就到对面的塞纳河上划船，然后在岛上野餐游玩，感受大美丽怡人的自然。有时候，他们也兴致勃勃地顺着幽静的小径走到河边，坐上他们的"娜娜"号小船，穿过河流，登上一座大岛，放眼辽阔的平原，尽情享受美丽的田园风光。左拉夫人是一个慧心巧思、克勤克俭的女人，她为人聪慧大方，极其宠爱左拉，并接受丈夫的嗜好，左拉非常喜爱华丽的装饰，也醉心于收藏一些旧器物和小古董，她按照丈夫的喜好装饰房间，常常为丈夫买一些小玩意儿。夫妻二人彼此爱慕着对方，也喜欢做一些有纪念意义的事情。相传有一次，二人在一张羊皮纸上写下带有纪念性的字句，将羊皮纸放置在一个铁匣子里，然后将铁匣子封起来，再虔诚地将它安放在墙壁之内，这是多么具有仪式感的行为啊！这样的情趣，仿佛是特地为了让千百年后的考古学家去考证，将二人的爱情留在史册。左拉在他小说《教士穆来之过错》中塑造了一个具有神奇色彩的大花园——"巴拉都园"，那是一座长满珍奇花卉和植物的伊甸园，无数的花朵在灿烂的阳光下怒放，主人公塞尔若和阿勒嫔娜就在这迷人的大花园里漫步，陶醉在自然美景之中。而在梅塘别墅里，左拉的夫人化虚为实，将左拉小说里虚构的"巴拉都园"

变成现实中的花园，她在梅塘建造了种满奇花异草的温室、养殖家畜的圈棚和凭栏望水的亭阁，并以"巴拉都园"命名，这不正是左拉与夫人的唱和吗？更有趣的是，左拉夫人还在他们的亭阁上写下这样的语句："我于 1880 年 9 月 27 日曾为这座房屋奠基，在此岛上属于我们的产业里面，我们已经叫它为'巴拉都园'。"左拉对妻子这种行为表现出浓厚的兴趣，并配合着妻子的行动，在她的题词下面，谦逊地添上了一行字："我曾参加我妻子所举行的奠基典礼。"夫妻二人趣味相投，志同道合，在梅塘别墅里快乐地生活着。

众所周知，左拉特别喜欢在家中举办沙龙，邀请朋友来家中做客，或讨论时事政治，或交流文学艺术，或互相启发学习。在青年时，左拉在巴黎的阿舍特书局工作的时候，他就邀请他的幼年伙伴巴伊和塞尚以及其他一些朋友，在星期四晚上到自己的斗室里畅谈。这些人的专业领域各不相同，但是谈话十分投机，海阔天空，无边无际，各自开阔了视野。后来，这种跨学科性质的沙龙聚会，逐渐变成了专属于文学家的聚会。1874 年开始，左拉又在每周四晚上邀请朋友来家里吃饭聊天，被邀请的朋友都是同时代的文学家，其中有四位常客：屠格涅夫、福楼拜、都德、埃德蒙·龚古尔。这五位文学家之间有着深厚的友谊，他们在聚会中畅所欲言，每个人都自由地提出问题，并针对问题发表自己的看法，共同讨论，有时候也诵读他们的作品。文学史上用"五人聚餐会"来铭记这个小小的文学沙龙。这种习惯在梅塘别墅里被延续了下去。后来，成员发生了变化，又有六位趣味相投、情趣相近的作家在左拉的梅塘别墅里开始了新的文学沙龙，他们分别是保尔·阿莱克西、昂利·塞阿、莱昂·埃尼克、于斯曼、莫泊桑和左拉。这几个人既有共同的爱国心，又有相同

圣手左拉

故居外景

的文艺观点和哲学倾向，他们标榜自然主义，作品也都或深或浅地带有自然主义倾向，久而久之，他们被称为"梅塘集团"。

  1879年夏天的一个晚上，以左拉为首的六位作家又一次聚集在梅塘别墅，为了排遣寂寞，大家便提议让左拉确定中心题目，然后围绕中心议题，每人讲一个故事。当时，普法战争刚刚结束没几年，这场战争使普鲁士完成了德意志统一，取代了法国在欧洲大陆的霸主地位。这是法国历史上的奇耻大辱，使得法国的许多爱国主义作家大为震惊，左拉他们都有强烈的爱国心，于是左拉便建议每人讲一个以普法战争为背景的故事，这个建议得到了大家的赞同，故事就这样一个个讲开了。此情此景，多么像薄伽丘在《十日谈》里描述的佛罗伦萨的那十个男女围在一起讲故事啊。后来，左拉再一次提议大家将所讲述的故事写成一篇短篇小说，编成一本短篇小说集，《梅塘之夜》就这样诞生了。在《梅塘之夜》里，左拉写了《磨坊之围》，于斯曼写了《背上背包》，而最著名的当属莫泊桑的《羊脂球》，此时的莫泊桑还只是一个名不见经传的年轻作家，这篇小说使莫泊桑在文坛上得以崭露头角。

作为"梅塘集团"一员的莫泊桑,曾饱含激情地评价左拉:"世界上有些名字似乎注定是要出名的,这些名字铿锵响亮,能永远留在人们的记忆中。像巴尔扎克、缪塞、雨果等简短、悦耳的名字,一旦听到之后难道还能忘掉?不过,在所有文学家的名字中,恐怕没有一个名字比左拉这个名字更惹人注目和更令人牢记不忘的了。左拉这两个字,像喇叭里吹出来的两个音符,激越,喧嚷,到了人的耳朵里,耳中就会突然充满爽朗的欢乐。左拉这两个字,对民众是多么有力的召唤!是多么有力的觉醒的呼声!一个天才作家生来就姓这个姓是何等幸福啊!"①

然而,这个有着铿锵响亮的名字的主人,却因为一场意外逝去了。1902年9月29日,左拉离开梅塘别墅,回到巴黎布鲁塞尔街21号的寓所过冬,许久未曾住过人的房屋在冬天极其湿冷,因此仆人们在夜间点着了卧室内的壁炉。深夜,由于壁炉的烟囱阻塞,烟气倒灌进卧室,熟睡中的左拉中毒窒息,再也没有苏醒过来。一代大师就此陨落,但是他留下的丰富的文学遗产永远不会被埋没。

为正义而战

1893年,左拉完成了他的《卢贡·马加尔家族》系列小说,然后立刻投入了第二个创作计划——《三名城》的写作。正如它的名字一样,《三名城》以欧洲三个城市命名,包括《鲁尔德》《罗马》《巴黎》三部长篇小说,都以欧洲现实生活为背景,表现反宗教的主题。在他创作的过程中,法国发生了一件震惊世界的大事——德莱斐斯事件,而热爱真理与正义的左拉也加入了这场战斗之中。

德莱斐斯事件是1894年发生在巴黎、震撼全国、轰动世界的大冤案。这个案件同时也是左拉生命最后阶段的重要事件。

---

① 吴岳添. 左拉研究文集:爱弥尔·左拉[M]. 南京:译林出版社,2014:9.

在第二帝国乌烟瘴气的派系争斗中，共和党在选举中获胜，法国第三共和国开始艰难崛起。保皇党并不甘心将政权拱手让出，他们以军事参谋部作为最后的堡垒，伺机向共和党反扑。德莱斐斯事件正是在这时发生的。一名法国反间谍人员在德国驻巴黎大使馆的门房里发现了一封向德国情报部门泄露军事秘密的信，这封信没有署名，也没有投递日期。最后，一名法国炮兵军官阿尔弗雷德·德莱斐斯成为替罪羔羊。经过国防部捕风捉影的调查，军方轻率地认定有犹太血统的炮兵大尉德莱斐斯就是情报的泄密者。在开庭审判以前，军方请了几名字迹专家鉴定字迹，但专家们最后认为信上的不像是德莱斐斯的笔迹。可这时军方已骑虎难下，因为逮捕决定是陆军部长亲自做出的，为了维护军方的威信，他们只好将错就错。在审判开始前，军方的高级将领不停地向报界透露各种不实信息，一些平时很可靠的报纸也编造出大量谎言来败坏德莱斐斯的名声，巴黎报界对德莱斐斯的诽谤已经铺天盖地。审判就这样在报界的强大压力下开始了。审判第一天，德莱斐斯就已充分证明该文件与他无关。但此时，总参反间谍处的亨利少校已下定决心，不顾一切也要给德莱斐斯定罪。他在秘密审判中以其军官的荣誉发誓，说"有一位无可指摘的人物说德莱斐斯是叛徒"，并拒绝透露该人的姓名。同时，法国军方为了给这个犹太军官定罪，为德莱斐斯编造了一份秘密档案。在档案中，他们捏造德莱斐斯的生平经历，篡改了一些电文，然后提交给法庭。于是，1894年12月，在人们高呼"杀死这个犹太人"的声浪中，法国军事法庭宣布德莱斐斯因泄露军事机密给敌国而犯有叛国罪，开除其军籍并终身流放魔鬼岛。右派势力和反动党团趁机煽动反犹太主义，叫嚣要将所有犹太人清除出军队，对犹太人来一次大屠杀，并且在爱国主义和反犹太主义的旗帜下，把矛头指向民主派人士，企图推翻共和国、恢复帝制。

1896年，真正罪犯艾斯代拉齐被揭发出来。但是因为事件牵涉到国防部的名誉和右翼反对共和党的诡计，法院拒绝重新受理此案件，只是迫于舆论压力，对案件进行了草率的审理，就匆忙宣布艾斯代拉齐无罪。对此荒唐的判决，进步律师、记者和作家们在《震旦报》上强烈呼吁，要求撤销对德莱斐斯的错误判决，以维护法律和人权的尊严。这个事件也引起了左拉的注意，他在仔细研究了有关文件又进行了调查后认定德莱斐斯是无辜的，于是挺身而出，在《费加罗日报》上发表了三篇文章。左拉对针对右派的攻击和诬蔑，对关于德莱斐斯的谣言给予反驳，并驳斥大肆宣扬反犹太主义的右派报界，指出他们是在卑鄙无耻地利用爱国主义。这三篇战斗檄文犹如三枚烈性炸弹，引起了反动势

故居外景

力的激烈攻击，致使《费加罗日报》也不敢再刊登左拉的文章。面对严酷的现实，左拉誓不退缩，他另采用印刷小册子的形式来发表意见。1897年12月，他发表了《致青年人的信》，告诫青年人"万万不能偏执盲从"，"永远不能背离正义"。次年1月他又发表《致法兰西的信》，呼吁法兰西民族反省自觉。这句句肺腑之言反映了一个作家力挽狂澜、执着真理的民主主义胸怀，传达了在专制制度下千百万正义人民的心声。

真正的罪犯艾斯代拉齐在1898年1月11日被判无罪，这使左拉愤怒到极点，他写了一封《致共和国总统费里克思·富尔的信》，于1898年1月13日以《我控诉》为题，在《黎明报》上发表。左拉在这篇檄文中公开控诉国防部和军事法庭的官员们犯了违背人道与正义的罪行，指出他们进行了罪恶的不真实的调查，伪造报告，左右舆论，混淆视听，有意识地开脱罪人，冒犯公法。这篇文章震动了整个法国，载有这篇文章的《黎明报》当天发行30万份。围绕德莱斐斯案件，整个法国都在

争论，议会里形成了对立的两派，左派议员赞成左拉，而右派议员要求立即逮捕他，军队首脑声称，如果不严惩左拉，军队就会瓦解，并且威胁要集体辞职。在反动报纸一片恫吓声中，左拉于1898年2月7日被传到法庭对质。在法庭审讯辩论过程中，军官们在法庭上起哄，拍手喝倒彩，旁听席上的听众向左拉的辩护人鼓掌时，军官们公然拔出军刀威胁听众。在恐吓与辱骂声中，左拉镇定自若，他宣称："我只有一个思想，真理和正义的理想。我是问心无愧的，我一定会胜利。"

法庭在强大的反动势力压力下宣告左拉有罪，判处他监禁一年，罚金3000法郎。判决传出，反动派们欢腾了，在巴黎、里昂、马赛、南特、圣·马洛等地都暴发了反动游行，在法属阿尔及利亚还发生了屠杀犹太人案件。另一面进步人士则越来越多地加入支持左拉的行列，要求重审德莱斐斯案件的呼声也越来越高。为了抗议法庭的不公正判决，左拉于1898年7月18日流亡到伦敦。1899年6月，由于德莱斐斯案件真相逐渐显露，高等法院不得不推翻对德莱斐斯案件的判决，左拉也回到法国继续上诉，为德莱斐斯案件的彻底平反而斗争。在此后漫长的七年时间中，法国政府几经更迭。在各界人士的支持和努力下，1906年，德莱斐斯终于被正式宣布无罪释放。遗憾的是，那时左拉已经离开了人世。

德莱斐斯案件最终以右派失败而告终。在这个事件中，左拉表现出了热爱真理、不怕威胁、勇于为正义而斗争的崇高品质，表现出了他的无私无畏的伟大人格，这使他受到法国进步人士的衷心敬佩。

结语

左拉的一生是战斗的一生，他首先与贫穷做着顽强的战斗，他又是一个文学上的革命者，他用他富于创新精神的文学理论与作品，反对一切陈旧事物，他打破文学中一切循规蹈矩的惯例，大胆使用文字描写赤裸裸的真实，他的写作是为大众、为全世界人民的。同时，他不畏强权，哪怕牺牲自己的利益，也要坚持真理和正义。正如著名作家、文学评论家、社会活动家阿纳托尔·法郎士在《在左拉葬礼上的演说》中所说的那样，他用严峻和正直的手法来描写邪恶，他那表面上的悲观、字里行间流露出来的忧郁情绪，掩盖不住真正的乐观和对智慧、正义的进步的执着信念。在他那些研究社会的小说中，左拉对无聊的悠闲社会，对卑鄙有害的贵族阶级深恶痛绝，与金钱的权势这一时代病进行斗争。作为一个民主主义者，他从不去讨好人民，而是尽力向人民指出无知造成的束缚和酗酒带来的危险——酗酒会使人变得愚蠢，失却防卫能力，在一切压迫、一切苦难、一切耻辱的面前束手就范。不管在哪里遇到社会弊病，他都奋起进行斗争。左拉这个名字，是挑战的标志，是进攻的号角，是胜利的凯歌。

自然主义文学，在左拉的努力探索与实践下，成为文学史上的辉煌一笔，甚至是至今存在的最有活力、最坚韧不拔的一个派别。不仅在法国，全世界的大多数小说家，他们根据自身的经历和对现实的观察进行写作，从这一层意义上来看，他们都属于自然主义小说家。左拉离开我们已经一百多年了，这一百多年中文学的发展淹没了许多昙花一现的匆匆过客，左拉的作品却经受住了岁月的洗礼，展现出更加灿烂的光彩。我们相信，作为文学家的左拉永远不会消亡，他的精神将在文学的长河中长存。

（撰稿：陈骄骄）

参考文献

李尔刚，李丹晶. 自然主义大师 左拉述评[M]. 海口：海南出版社，1993.

吴元迈，卢仁龙. 世界文学经典导读：第22册[M]. 长春：时代文艺出版社，2001.

吴岳添. 左拉研究文集：爱弥尔·左拉[M]. 南京：译林出版社，2014.

左拉. 左拉文学书简[M]. 吴岳添，译. 合肥：安徽文艺出版社，1995.

左拉. 卢贡家族的家运[M]. 林如稷，译. 成都：四川文艺出版社，2018.

惠特曼

"当我在亚拉巴马清晨散步的时候,我看到雌嘲鸫静卧在它的野玫瑰巢上孵化雏鸟。我也看见了雄鸟,我到它的近处停脚,听它鼓起喉咙纵情歌唱……歌声细腻,悄然飘向更远的地方。那是传递给新生命的赠予,是神秘的力量。"5 月的新泽西州坎登镇是迷人的,正如惠特曼的诗歌一样。这个被称为"花园州"的地方虽然是贫穷之地,但生活在这里的惠特曼却被文学的光辉照亮了人生。

坎登镇位于特拉华河岸边,与费城隔河相望,那时人口还不到一万,比较偏僻,按照《纽约太阳报》的描绘,那是个"迷惘者、欠债者和绝望者的避难所"。1873 年 6 月,惠特曼因调养身体来到新泽西州坎登镇,在弟弟乔治家里寄居了 10 年之久。弟弟回来后,惠特曼因爱上了这片土地,不愿离开,便在附近的米可街买了生平唯一的一座二层小楼。这里静谧的环境深得大地歌者惠特曼的喜爱,虽然晚年的惠特曼身体欠佳,但他还是会拿着他的小板凳到户外去,到丛林和小河边,只有在那里,诗人才能与自然有更深的交流。自然给了惠特曼许多灵感,《红杉树之歌》

惠特曼故居（美国新泽西州坎登镇）

与许多优雅的自然笔记均是这个时期的作品。平凡的居所造就了一位不平凡的诗人。20年间，许多颇为知名的朋友和愈来愈多的崇拜者来拜访惠特曼，他们的友谊在这座城市生根发芽，他们的故事成为美国文学史中的一段佳话。

众所周知，瓦尔特·惠特曼是美国著名诗人、现代诗歌之父、人文主义者，那么，惠特曼到底是一位怎样的文学家呢？惠特曼是一个颇具争议性的人物，人们对惠特曼的评价一开始呈现两极化倾向，褒贬参半。惠特曼作品中的民主色彩是受到肯定的部分，但诗歌中对于"性"的描写却也让他饱受诟病。诗人、文学评论家埃兹拉·庞德曾长时间厌恶惠特曼，但在他阅读完惠特曼的作品后，却称其为美国诗人作品中唯一值得一读的，赞扬惠特曼是为美国诗歌发展独辟蹊径的开拓者，甚至将惠特曼等同于美国，尊他为美国的化身。

贫民窟的草叶

"无论你是谁,都请和我同行,和我同行,你将永远不会感到疲倦。"在美国东海岸边,纽约长岛的西山镇,风自由如诗。它既是隐逸之乡,又是农牧两宜之地,古朴的红棕色房屋坐落在绿意盎然的庭院中,环境清幽。5月是鸟、蜜蜂和紫丁香的月份,也是惠特曼出生的月份。1819年5月31日,呱呱坠地的新生命那响亮的哭声与远处的大海声混合在一起,一位如劲草般的诗人在此诞生。

长岛西山镇的惠特曼故居已经被列为国家历史遗址。房子有些破旧不堪,有些墙皮甚至因为年久风蚀而脱落,但厚重的历史感扑面而来。灰色小楼在绿树中安静温和地立着,房屋前面是一大片草坪,芳草茵茵,草坪旁边矗立着惠特曼的雕像,如他的诗集主题思想一样,成为他所爱的泥土中的一片草叶,继续成长。这座故居离大海不远,到了傍晚,漫天的星光与大海的波涛形成一幅美妙的画面,惠特曼也深深地被大海的神秘气息吸引,逐渐成长为一个具有海洋气息的男人,因此惠特曼的诗歌中也经常出现海洋这一意象。有的传记作家称,如果惠特曼没有选择成为一名诗人,那么他或许会成为一名水手。

远远望去,与灰色小楼形成鲜明对比的是一座红棕色的小屋。红棕色的房屋是后来建成的惠特曼出生地历史遗址纪念馆,墙上写有一行英文 "Stop this day and night with me and you shall possess the origin of all poems…"(日日夜夜与我在一起,你将明了所有诗歌的来源……),这句话出自惠特曼的《我自己的歌》。展厅里面整整齐齐地摆放着《草叶集》的初版以及后来陆续完善的各种版本,展厅的一侧墙上挂满了惠特曼各个时期的照片,这和惠特曼喜欢拍照是分不开的。惠特曼在短诗《美丽的妇女们》中写道:"年轻的很美丽,但年老的比年轻的更美丽。"此外惠特曼对颅相学比较关注,因头大胸宽而引以为傲,因此在挑选自己照片的时候也特别注意这一点。

惠特曼一家最早居住的地方是在海边，诗人童年时每夜都伴着轻轻的海浪声入眠，白天与海鸥、盐草、鱼儿和船只为伴。惠特曼很早便学会了游泳，水性很好，他最喜欢做的事情就是平躺在海面上，也喜欢爬到海对面杰尼斯山的山顶上去俯瞰远方。然而这种惬意的日子很快便成了回忆，1823年，惠特曼一家因为生计所迫而搬到纽约布鲁克林区。

初到布鲁克林的那些年，惠特曼一家漂泊不定。接受了六年正规教育后，由于家庭经济状况的窘迫，惠特曼不得不辍学自谋生计。1830年，惠特曼在布鲁克林镇的一个律师事务所当差，那段时光被他称为是"童年生活中最得意的一件幸事"，那时的他拥有一张流动图书馆的借书证，如饥似渴地阅读着图书。惠特曼不仅当过诊所的勤杂员，还当过《长岛爱国者》周报印刷所的学徒，还做过家庭教师等工作，这种"游牧式"的生活让惠特曼有机会接触各式各样的人物。惠特曼从一家到另一家，从一个村子到另一个村子，不分贵贱，每处待几天，这种轮流寄宿的经历，成为他深入了解生活、了解人性最深刻的课程之一。

1838年春末，惠特曼在结束教师的职业生涯之后，对报业产生了兴趣，于是在西山附近的亨廷顿租了马厩上面的一间阁楼办起了《长岛人》周报，并且买了一匹名叫"尼娜"的白马，骑马去各地农村分发周报。在经历了周报倒闭和求职不利的困境后，惠特曼又重操旧业，担任了小湾坡的乡村教师。1841年惠特曼带着重生的信心来到纽约这个被称为"永远为欢乐的水流所环绕之地"。但是经过无尽的政党纷争与职业的转换后，1845年8月惠特曼又乘坐渡船从纽约回到了布鲁克林。

1848年2月的一天，惠特曼在观看百老汇剧场演出时，遇到了麦克卢尔，后者正准备在新奥尔良创办报纸，需要一位主编。惠特曼两天后便踏上了去新奥尔良的征程。这个不经意间的小决定在惠特曼的人生中却成为浓墨重彩的一笔。在有"南部巴黎"之称的新奥尔良，旅游业十分发达，各路人等往来频繁。精神的自由、可观的收入、良好的心情以及接触到的各色人等都大大激发了惠特曼的创作热情。

惠特曼在新奥尔良仅仅停留了19天便匆匆返回了布鲁克林。因为手头一旦有一笔积蓄且生活比较悠闲，惠特曼最爱做的事情就是到荒凉的康尼岛上去朗读浦伯译的《荷马史诗》或者是莎士比亚的作品。面对大海，一切烦恼都被暂时忘却，所以惠特曼对大海的感情是深厚的。惠特曼晚年在《过去历程的回顾》中谈到他在海滨读书的感受时写道："我一直觉得很奇怪，为什么我没有让那些声威赫赫的大师们所吓倒。可能因为我是在大自然面前，在太阳底下，面对辽阔的风光和远景或者滚滚涌来的大海读它们的吧。"① 为了方便阅读，惠特曼常常从书上拆下一章或者是几张活页塞到口袋里，这样在坐公交车或者坐轮渡等出行的时候便可以利用空闲时间阅读自己喜爱的文学作品。为了随时记下自己转瞬即逝的灵感，随身携带笔记本对于惠特曼来说必不可少，这样即使是随性创作的诗歌片段也能够被随时记录下来。除了在小纸条上记录灵感的火花外，惠特曼和爱默生一样，阅读时喜欢做一些创造性的工作，惠特曼时常在剪报边缘空白处写下自己阅读的心得体会，标注各种记号。

惠特曼喜欢散步，这时他开始构思《横过布鲁克林渡口》，而这也

故居的门

---

① 李野光. 惠特曼评传[M]. 上海：上海文艺出版社，1988：5.

标志着《草叶集》的酝酿阶段正式到来了。19世纪50年代的美国虽然经历了一个繁荣时期，但是惠特曼的物质生活水平却没有明显的提高。惠特曼把那段时期称为"准备的岁月、积聚力量的岁月"，那个时候惠特曼的想法是成为一名诗人。

《草叶集》诞生记

19世纪50年代是惠特曼《草叶集》的酝酿和充实时期。惠特曼对博物馆古代文物的研究颇感兴趣，宗教知识也有所长进。惠特曼涉猎广泛，历史学、人种学、天文学、地质学都在他的兴趣范围之内。这个时期惠特曼勤学好问的品质尤其突出，在图书馆里勤奋学习以及请教那些出国旅行或者掌握特殊知识的人，是惠特曼那个时候最为专注的事情。惠特曼此时还受到《荷马史诗》的熏陶、乔治·桑的启迪和卡莱尔的影响等。有的评论家说，如果爱默生是使惠特曼"顿时沸腾起来的人"，那么卡莱尔便是让惠特曼"冒泡呀，冒泡呀"的"启蒙者"。以黑格尔为代表的德国古典哲学、唯心论，东方哲学尤其是古代印度神秘主义，都能在惠特曼的作品中找到它们的身影。不同思想的积聚与汇合让惠特曼孕育和迸发出感悟生命的伟大诗歌，所以诗人"沸腾了起来"，宣告"找到自己"。

1855年6月，惠特曼的《草叶集》初版问世了。惠特曼为什么将自己的作品命名为《草叶集》？草叶又代表和象征着什么呢？这些在惠特曼的作品中都可以得到解释。草叶，是极为普通的一种东西，哪里有土有水，哪里就有草叶，草叶不仅代表着生生不息的力量，还代表着生命在死亡与新生之间的轮回。惠特曼在诗作《自己的歌》中把草叶看成"由洋溢着希望的绿色素质所织成"，是"上帝的手绢"，角上还有他的签名。

惠特曼的《草叶集》像极了他的一生，虽然坎坷，但最后大放异彩。《草叶集》刚出版时无人问津，最早的一版是作者自费出版的，里面包含了12首诗和1篇序，那本薄薄的小册子封面上只有几朵小花和几棵嫩草，册子的扉页也没有作者的名字。翻开册子，一幅铜板像呈现在我们面前：一个普普通通的劳动者，脸上蓄着胡须，身穿微微敞口的法兰绒衬衣，漫不经心地站在那里，自信而不羁。但是这些册子却没有被卖掉，惠特曼拿它来送给一些文人，结果是遭到了不公平的对待，郎费罗、赫姆士、罗威尔等人对其不屑一顾，惠蒂埃干脆把他收到的那本投到火里。除此之外，还招来了来自四面八方的谩骂：那些既不像诗歌又不像散文的句子长长地堆砌在那里。《标准》周刊一篇不署名的批评文章嘲讽道："至于诗集本身，我们只需指出它有力地证实了轮回转生的学说，因为除非作者是由一只前世死于失恋的蠢驴的魂灵投胎而生，否则很难想象一个人居然会写出这么一大堆无聊的脏话来。"第二年，《纽约时代日报》发表的评论虽然对《草叶集》偶有赞赏，但更多的还是对惠特曼的作品进行批评和攻击。还有伦敦的《批评家》也指责惠特曼"所给予我们的不是悦耳的曲调，而是俚语俗言；不是和谐，而是喧嚣；不是正规，而是流氓习气"。谩骂声可以说是铺天盖地。

每一场文学的革命都是在毁灭中不断重生的。就在惠特曼心灰意冷之际，一位大文豪对他投来了赞许的目光，他就是被称为"美国文明之父"的爱默生，他在给惠特曼的信中称《草叶集》"乃是美国有史以来最杰出的作品"，并且预言"它是美国至今所能贡献的最了不起的聪明才智的精华"。事实证明的确如此。直到晚年，惠特曼还向朋友们谈论爱默生的初次到访："我仿佛还听得见他那轻轻的叩门声……还有当我母亲出现在门口时他那从容而温柔的答话'我来看惠特曼先生……'"

要知道，19世纪中叶，爱默生在美国文学界的地位，可以用此来形容："早已成为我们的文学银行家；凡是经他检查过的票据，凡是在他的柜台上敲过的硬币，都能到处通行无阻。"[①] 爱默生的这一封信让惠特曼感受到了"雪中送炭"般的温暖。无独有偶，纽约《论坛》编辑查

---

① 卡普兰.沃尔特·惠特曼的一生[M].赵炳权，译.广州：广东人民出版社，1988：203.

故居地下室

尔斯赞赏惠特曼那"勇敢的、激动人心的思想","与大自然的真诚而亲密的联系"以及"对美的敏锐感",并且断言:这里给"诗的精神实质"找到了"一种粗野而怪诞的体现"[1]。对惠特曼予以赞扬的还有很多,比如爱默生集团的作家爱德华·华尔、一篇发表在纽约《蜡笔画》上未署名的短评以及《每周伦敦快报》所做出的友好反应,包括后来的《基督教唯灵论者》发表的有趣言论,最后评定《草叶集》是一本"出色的书"。也正是这些赞誉给了惠特曼极大的创作信心,使他决心留在纽约,不管迎接他的是什么,他都会迎难而上。爱默生是发现惠特曼这匹自由马儿的伯乐,惠特曼对他的感恩之情也溢于言表,两人亦师亦友。据说惠特曼在建筑工地干活时,身旁除了饭盒便是一本爱默生的书,而且自从带了爱默生的书之后便再也没有带过其他人的书。

《草叶集》最初发表时共有12首无标题的诗,之后直至1892年惠特曼逝世,其间《草叶集》像野草一样蔓延生长,内容不断增补、扩充,

---

[1] 李野光. 惠特曼评传[M]. 上海:上海文艺出版社,1988:6.

先后共出了 9 版，最后达到 401 首。《草叶集》是惠特曼一生的作品总集，是惠特曼贡献给人类的精神财富。

惠特曼创造了自由体诗，这种诗歌的最大特点就是律动性强。19世纪 50 年代左右，外国的歌剧团、著名歌唱家纷纷从巴黎、伦敦等地来到纽约，惠特曼凭借报社记者出入证免费看了一年的歌剧，终于，他把"艺术唱腔"和"感情唱腔"融合在了一起。1851 年夏天，意大利男高音歌手贝里尼在纽约的演出引起了惠特曼的极大兴趣，而意大利女歌唱家玛丽埃塔·艾尔波尼的冬季演唱会，惠特曼更是每场必到。正是在这些艺术家潜移默化的影响下，惠特曼创作出的作品才能在人们心中留下深刻的印象。玛丽埃塔·艾尔波尼的歌声"时常像一阵旋风，仿佛要把我席卷而去"，惠特曼对这位歌星念念不忘，直到晚年还经常谈起："我恐怕她并不知道，她的歌唱，她的艺术手法，30 年前给了我从那以来全部的诗歌创作以基础和开端。"意大利歌剧的魅力，让惠特曼在创作中获得了语言本身意义之外的更高的表达能力。惠特曼的诗歌没有传统格律诗的节奏，但朗读起来就会发现它们不乏音乐性。

《草叶集》内容丰富，结构恢宏，初读者往往容易迷失在其浩大的篇幅中。美国著名惠特曼研究专家詹姆斯·E. 米勒对《草叶集》有着较为细致的剖析。米勒认为《草叶集》的基本主题结构可以分为六个组成部分。第一部分为"引入主题与致敬"，包括《铭言集》(组诗)和《从巴门诺克开始》；第二部分为"个人的巨型胚胎与骨骼"，内容是讨论自我与他人、自我与世界、自我与历史的关系，主要包括《自己之歌》《大路之歌》《横过布鲁克林渡口》《欢乐之歌》《斧头之歌》《候鸟集》《海流集》等；第三部分为"我们置身于其中的时代和国家"，内容涉及南北战争、美国民族的危机与复苏，主要包括《桴鼓集》《林肯总统纪念集》《秋之溪水》等；第四部分为"精神法则无法抵御的吸引力"，内容是讨论精神的奥妙与神秘，主要包括《暴风雨的壮丽乐曲》《向印度航行》《神圣的死的抵牾》等；第五部分为"回顾主题与道别"，内容是反映诗人进入老年时的心态，思考生命的意义，准备向人生辞别，主要包括《从正午到星光之夜》《离别之歌》等；第六部分为"创作后的思考：附录篇"，主要包括《七十生涯》《再见了，我的幻想》《老年的回声》。贯穿这六部分的内在线索是抒情主人公"我"，米勒把这个"我"定性为"为新大陆的民主塑造的典型个人"。《草叶集》以抒情方式塑造出这样一个"典型个人"，所以米勒把《草叶集》称为"抒情史诗"。①

第二版的《草叶集》发行时，全书篇目以个人人格、性、友谊、进化、宇宙感和不朽为次序，为后来《草叶集》的"有机结构"奠定了基础，内容在之前的基础上又新增了20首。诗人不再仅仅停留于自我的层面，更多的是歌唱美国、赞美民主，既有《向世界致敬》《大路之歌》这样从个人走向世界的诗歌，展现了诗人的"宇宙境界"，也有思考生命意义的《横渡布鲁克林渡口》等。虽然因在性爱问题上有比较多的异议，受到了清教徒的严厉指责和批评，但批评声中也掺杂着些许同情、赞许和善意。

《芦笛》与《亚当的子孙》的出现标志着《草叶集》第三版的诞生，这一版虽然是在"流星年代、战鼓声中"出版，但也是首次真正由出版商印制发行的一版，所以诗人觉得"好像事物与我终于发生了一个转变"。以后的版本在作者不断完善修改后陆续发行。从1855年第1版的12首到1892年第9版的401首，漫长的岁月携带着诗人的诗歌，反映的是诗人一生的思想和探索历程，美国那个时代的面貌依次得到呈现。

惠特曼虽是木匠的儿子，却对诗歌有着近乎疯狂的热爱；他是一个外表粗犷的劳动者，但是写出来的诗歌寓意艰深并且带有迷人的诗意。《草叶集》带给人们的思考是无尽的。惠特曼的诗歌是插上了想象翅膀的艺术，神秘气息时常扑面而来，读惠特曼的诗仿佛是在经过"现实与灵魂的通道"。他说："大陆和海洋，植物、鱼类和禽鸟，天空和星体，树木、山岳和河流，这些都不是小题……但人民所期待于诗人的，不只是指出那些无言之物所常常具有的美和尊严而已……他们期待他指出现

---

① 参见胡山林．惠特曼诗歌精选评析[M]．开封：河南大学出版社，2006：22．

实和灵魂之间的通道。"通俗的语言、跳跃的想象、质朴的描述让惠特曼的自由体诗在风格上独树一帜。

自由的引航者

"做一个世界的水手,游遍每一个港口。"梭罗曾说"惠特曼就是民主","草叶"和"民主"是惠特曼的人生关键词,"民主"和"自由"则是惠特曼思想的两大支柱。惠特曼年轻的时候就有民主思想,他漫步在曼哈顿新建的街市上,经常与码头工人、农夫和砖匠交谈,设身处地为他们着想,很自然地与他们打成一片。康韦曾描述惠特曼陪他坐轮渡回纽约时的情景,惠特曼同遇到的每个人打招呼,仿佛他和每个人都很熟悉。虽然惠特曼在写作《草叶集》之前并没有到过太多的地方,但是每到一处地方,他就和当地的车夫、渔民等建立了非常密切的联系,熟知他们的生活。惠特曼敏锐的观察力使得这些劳动人民的形象跃然纸上。这和惠特曼的人生经历是分不开的。苏格兰自由思想家赖特女士提倡民主,是一位自由思想家、女权主义者、废奴主义者和社会改革家。她在1828年7月4日美国独立日发表了极具震撼力的演说,并且一生都孜孜不倦地致力于社会改革。她对惠特曼一家的影响很大。老惠特曼订阅的《自由询问者报》成了惠特曼的儿时读物,惠特曼也爱听赖特的演讲,所

故居外景

故居外景

以,"民主""自由"这些词汇早就在惠特曼幼小的心灵里埋下了种子。而惠特曼社会政治的核心思想就是民主,"民主诗人"的称号伴随着他度过了一生。惠特曼的民主好比一个完整的有机整体,它以个性为灵魂,全体(民族、人民)观念为头脑,自由、平等、博爱的思想为血肉,再加上诗情幻想的翅膀,便径直朝人类友爱和"宇宙同一"的目的飞腾不已。①惠特曼衷心拥护民主共和制,也很重视选举制度,他强调国家的团结和统一,曾写过《一首波士顿民谣》这样的讽刺诗,来反对逮捕逃亡的黑奴。

惠特曼的民主思想在他的作品《草叶集》中体现得相当明显。草叶代表着生生不息的力量,草是最平凡、最普通但也是最密集的植物,从这个角度上说,"草"代表芸芸众生,是民主的象征。惠特曼也用草来象征自己的人格,一方面体现了民主精神中个人谦逊的品格,一方面又包含着平凡的尊严与力量,显然后者的意义更加突出。在《草叶集》酝酿时期,他在笔记本中写道:"将世界所有的艺术和科学取来,用一支

---

① 参见李野光.惠特曼评传[M].上海:上海文艺出版社,1988:405.

草叶把它们击败,并且鄙视它们!"在《自己之歌》中宣布:"我相信一片草叶所费的功夫不亚于星球的运转。"所以,惠特曼认为草就是"宇宙灵魂"的体现,是一个"微观宇宙",而诗人自己就是"那个最广大的世界"。所以,正如道格拉斯·格兰特所理解的,惠特曼诗中的"自己"是民主的最高榜样,他身上的"健康、力量、活力、信心——所有这些特质都不属于个人,而是属于民主,为每个抱有同一理想的人所共享"。所以,惠特曼的主题和中心就是他自己,写他自己又是为了使自己所处的特殊时代的环境和民主得到充分体现。

惠特曼经历过19世纪40年代的政治斗争,也经历过很多战争,有的时候甚至与死亡擦肩而过,但惠特曼依旧会每次穿戴整齐地跑到医院去看望伤兵,分发糖果,与他们一起读诗,给他们以精神上的鼓励,甚至用自己微薄的收入给伤兵买水果、邮票、报纸等物品。战争和生活的穷困并没有让惠特曼迷失方向,惠特曼还是保持着他一贯的桀骜不驯,反对美国文坛脱离生活的陈腐贵族倾向,不附庸于现存的宗教与制度,更对上流社会品茗赏画的所谓风雅嗤之以鼻。虽然惠特曼的《草叶集》被称作浪漫主义诗集,但其具有很强的超前性和开放性。他认为爱是平等的,可以超越性别,所以在他的诗歌中也不乏关于性的大尺度描写,这在19世纪的文学史上是从来没有过的,这引起了争议,甚至有人用有色眼光来看待他,评论家们对他也褒贬不一。

在惠特曼酝酿作品《草叶集》的时候,专注的学习并没有妨碍他与当地普通劳动者的亲密接触。惠特曼正是通过与大量底层人民的接触才真正地成了一个"人的诗人"。因为政治斗争的原因,那个时期的惠特曼频繁更换工作,在此过程中接触了大量的普通民众,所以他的诗歌中到处都是平民的影子。他写疯人,对他们充满赞美之情;他写伤员,赞美他们的勇敢,而不是描写医院的恐怖和黑暗。

向世界致敬：哲学与文艺思想

1892年3月30日黄昏，瓦尔特·惠特曼长眠于哈利公墓一座由他自己设计的墓碑下面。这位伟大的美国民主诗人，到过长岛西山、海滨、坎登等地，在这些美丽的地方留下了他的民主思想。虽然惠特曼永远地长眠了，但是《草叶集》展现出的勃勃生机却一直在延续。

"我相信一片草叶所需要的工程不会少于星星，一只蚂蚁、一粒沙和一个鹪鹩蛋同样完美……"惠特曼的诗中所描绘的事物范围很广，蚂蚁、水果、谷物等这些平凡的东西都可以入诗，一切声色光影，都会得到他的关注，并与他融为一体。惠特曼的诗歌中体现出的是宇宙意识，是一种超自然的经验感觉，这就使得《草叶集》中带有哲学色彩。他在《自己之歌》中径直提出："人是什么？我是什么？你是什么？"但是惠特曼曾声明自己不想做哲学家，也不想建立自己的学派，只是单纯作为一个诗人对哲学有很浓厚的兴趣。在酝酿《草叶集》时，他阅读了大量的哲学著作。哲学思想的涌入使得惠特曼无法在短时间内将它们捋清，玄妙之词与一些意象模糊之物便以矛盾的状态在他的创作中存在。惠特曼的哲学体系受哲学家黑格尔的影响最大，他的好友布罗斯甚至指出："黑格尔哲学在惠特曼的诗中犹如红细胞在血液中那样至关重要。"[1]惠特曼受黑格尔的影响主要集中在三个方面：其一是惠特曼同黑格尔一样，认为精神和物质有统一性；其二是黑格尔认为"绝对观念"的最高形式是哲学，惠特曼则表示他的"宇宙灵魂"的最高形式是诗；其三黑格尔和惠特曼都讲矛盾以及辩证法。此外，费希特的主观唯心主义对他也有所影响，惠特曼的"灵魂不朽"观点就是从主观唯心主义的泛神论发展而来的。此外，东方哲学中印度哲学的神秘主义也深深吸引着惠特曼。

---

[1] 李野光. 惠特曼研究[M]. 上海：上海外语教育出版社，2003：61.

惠特曼虽然沿袭了西方的唯心主义抑或是神秘主义，但是指引他进行创作的还是唯物主义。所以，在惠特曼的哲学思想中，学说纷繁复杂，有唯物主义、唯心主义、辩证法、形而上学、"旅程"说、"有机"论……这些学说在一定程度上内化于《草叶集》中，但其些许的晦涩难解却削弱了《草叶集》的艺术价值。

那么惠特曼创作《草叶集》的初衷又是什么呢？惠特曼认识到"为艺术而艺术"这个观点的危险性，因为他想要表现的是"我的时代"和"我的国家"，所以他十分重视文艺的社会职能，美国19世纪社会和文化变迁均在《草叶集》中有所反映。他说："我不把文学作为一种职业来看待。文学之于我，犹如战争之于格兰特。我恨战争，我恨文学。我不是个文学上的西点军校学生，我不喜欢仅仅作为文学家的文学家……它是一种有目的的手段，这就是它的全部意义所在。"

惠特曼的作品中充斥着强烈的民族自豪感，这在他前期的作品中表现得非常突出。虽然那个时候的美国文化还不是很强盛，但是他夸耀"美国人民是世界上有史以来具有最充分的诗人气质的民族，而且合众国本身便是一首伟大的诗"。晚年的惠特曼却变得谦逊起来，也慢慢地接受了别国的文化。他在1856年致爱默生的公开信中谈到自己"做诗"的抱负时说道："我将坚持同多数人一起，同那无数普通人的脚步一致前进……我每天都在曼哈顿岛、布鲁克林以及其他城镇的居民当中，在青年人中，去发现他们的精神，并振作我自己……我在这里被人们吸引，更甚于被那些作家、出版家、'舶来品'和复印品等有所吸引。"很多作家在进行选材的时候往往把目光聚焦在大人物身上，却忘记了构成这世界的是芸芸众生，是那些为自己生活所奋斗的普通人，从这点出发，惠特曼的作品立意是站在人民的立场上为人民发声的。

虽然惠特曼的哲学和文艺思想是从很多派别继承而来的，但他却几乎不承认任何一个流派，这也从侧面反映了惠特曼是一个不会对标准进行定义的人，因此其开创的自由体诗才会以一种新的面貌出现。惠特曼的自由体诗也是其文艺思想的重要组成部分，批判继承与大胆创新在惠特曼这里得到了很好的诠释，不论是思想还是艺术风格，惠特曼都追求新颖、独特性。既然美国已经进入到崭新的民主阶段，那么他的诗歌也应该跟上时代的步伐，创造出属于自己民族的新文学！批判继承与大胆创新在惠特曼的诗歌中还体现在人与自然的关系上，惠特曼认为自然是亲切的，而在自然田间劳作的人们也同样是亲切的。自然本身是美的，因此惠特曼在描绘鸟儿或者大海的时候不会刻意去修饰。

讲演、歌剧、海洋这三个词语虽然分属于不同的领域，但是在惠特曼这里却得到了最大限度的创造和融合。美国是一个注重演讲的国度，虽然惠特曼没有成为他理想中的"旅行演说家"，但是他的诗歌中无不表现出近似演讲的表达方式，在那样一种"新的民族气派的朗诵式表达法"中，惠特曼的诗歌无疑勾起了人们内心最深处的情感。对音乐的向往则让惠特曼摆脱了民谣体的束缚，在《草叶集》中有不少诗篇是采用意大利歌剧的手法，惠特曼不是在"写诗"，而是在"唱""吟""歌颂"。这位自诩为"美国歌手"的诗人，经常在大海边书写和歌颂，"海洋意象"既是惠特曼灵感的来源，又是维持惠特曼不断写作的动力。惠特曼萌发创作的想法是因为在童年时看到海上一艘满帆航行的船，而《草叶集》中那些随意的"向前波涌"的不停息的长句不就是惠特曼心中的大海吗？历史和生命不也是像大海一样没有尽头、永不停息吗！

从诗人逝世到第一次世界大战期间，美国兴起了第一个"惠特曼热潮"。到1955年，美国与世界上其他国家一起隆重庆祝《草叶集》出版100周年。不论是惠特曼歌唱民主与自由的思想，还是他的创新手法，都影响了一代又一代的诗人们。诗风方面，由于被卡尔·桑德堡、韦·林赛等著名诗人组成的"自由派"所推崇，其影响也日益显著起来。在中国，推崇惠特曼的文人在五四运动之后逐渐增多，各种翻译作品争相出版。惠特曼对中国文人的影响在郭沫若身上体现得尤为明显。1919年9月，郭沫若在日本与《草叶集》相遇，使得"个人积郁、民族的积郁，在这时找到了喷火口，也找到了喷火的方式"，中国新诗运动的奠基之作《女神》应运而生了。郭沫若曾说过惠特曼是外国诗人中对他影响最大的一

故居外景

个，他效仿惠特曼而取得了巨大的成功。

由此可见，惠特曼的作品在经历了时间的洗礼之后是深入人心的，惠特曼强调建立的民族民主新文学大大鼓舞着许多美国作家开始满怀热情地走向生活。不少文史学家认为，惠特曼既是美国最后一位浪漫主义诗人，又是现实主义乃至现代文学的先驱。著名批评家罗·哈鲍尔斯说："一部美国史诗可以写成对惠特曼的继续发现和重新发现，即不断地肯定他对美国诗人使命的至关重要……我们的伟大现代派诗人们如艾略特、斯蒂文斯、庞德、克莱恩和威廉斯，无疑全都在自己的诗中记录了他们的发现，尽管他们有时并不是愿意这样做的。"另一位评论家在1982年1月的《美国文学》杂志上写道："如果说对于一位伟大文学家的鉴别在于他是否永远改变了一种文化的轮廓，那么惠特曼就是这种文学家的最高范例之一。""因为我们很难想象出一个没有他的美国十九世纪来。"

惠特曼作为"第一位获得世界声望的美国人"，他一直是在"伟大的世界潮流之中"，《草叶集》也被相继翻译成各种语言版本出现在世界各地。诗人晚年的朋友威廉·斯·肯尼迪也称《草叶集》适应了自然的多样性和复杂性,而不局限于传统诗学的"低级和机械的规律"之中,这与诗人的意图是吻合的。

惠特曼诗歌中体现出的思想不是已经固化了的,而是像草叶一样,是充满勃勃生机的,是耐人寻味的,是有待于人们去探索和发现的。惠特曼既是一位具有鲜明特色的诗人和散文作家,同时还是人类的一分子、国家的公民、未来世界文化的预言者,与其说他在描写世界,不如说他在描写自己。他歌唱自由平等、热爱自然的思想不会因为时间的推移而销声匿迹,必将给世界带来深远的影响。

（撰稿：于俪婧）

参考文献

胡山林. 惠特曼诗歌精选评析 [M]. 开封：河南大学出版社, 2006.

惠特曼. 惠特曼诗歌精选 [M]. 武汉：长江文艺出版社, 2011.

惠特曼. 白天最后的日光为我停留 [M]. 代秦, 译. 北京：新世界出版社, 2012.

惠特曼. 惠特曼诗选英汉对照 [M]. 赵萝蕤, 译. 北京：外语教学与研究出版社, 2013.

惠特曼. 我自己的歌——惠特曼诗选 [M]. 赵萝蕤, 译. 广州：花城出版社, 2016.

卡普兰. 沃尔特·惠特曼的一生 [M]. 赵炳权, 译. 广州：广东人民出版社, 1988.

李野光. 惠特曼评传 [M]. 上海：上海文艺出版社, 1998.

李野光. 惠特曼研究 [M]. 上海：上海外语教育出版社, 2003.

陀思妥耶夫斯基

对于喜欢旅游的人来说，造访名人故居实在是一件较为平常的事。如果你去的是莫斯科，那么这件事就更为平常了。一天之内，你可以先去列夫·托尔斯泰街拜访一下列夫·托尔斯泰，再到库得林斯卡亚花园街感受一下契诃夫的"五斗橱楼"，之后马不停蹄地浏览完莱蒙托夫、布尔加科夫故居博物馆，最后在黄昏之前到达陀思妥耶夫斯基大街2号，看看费奥多尔·米哈伊洛维奇·陀思妥耶夫斯基的故居博物馆。哪怕你错过了开放时间，你还是能见到他，他的雕像就立在院子的正中央，留着和他那幅最著名的肖像画中一样的胡子。

雕像后面的米黄色大楼就是陀思妥耶夫斯基故居博物馆的主体建筑——谢倩诺夫医院大楼，它建造于19世纪初，曾经是一座专为"穷人"治病的济贫医院。1821年3月，一位名叫米哈伊尔·安德烈耶维奇·陀思妥耶夫斯基的复员军医到此任职。他没有自己的私人官邸，任职期间，他们一家一直住在医院的厢房——两间供"不富有的劳动者"居住的公房。他的二儿子费奥多尔·米哈伊洛维奇·陀思妥耶夫斯基便在此出生。当时的玛利

陀思妥耶夫斯基故居博物馆（俄罗斯莫斯科）

亚济贫医院并没有做好在一百年后成为博物馆的准备，同样也不会意识到自己正在迎接一位俄罗斯伟大文豪的降生。

从出生到离开家去圣彼得堡求学，陀思妥耶夫斯基在这里整整生活了 16 年。这个地方很久以来一直被视为"古老莫斯科最凄苦的地区之一"[1]，而济贫医院里则上演了人类千百种的苦难，这一切都直接暴露在小陀思妥耶夫斯基面前。但是他没有被吓走，反而产生了一种亲近心理，这样的童年经历让陀思妥耶夫斯基对底层人群怀有一种特殊的情感，这些底层的、困苦的形象一直存在于陀思妥耶夫斯基之后的创作中，他称他们为"被侮辱的和被损害的"。

1928 年 11 月 11 日，在陀思妥耶夫斯基诞辰 107 周年那天，陀思妥耶夫斯基故居博物馆开馆了。故居里的一切均保持着陀思妥耶夫斯基童年生活时的样子，这样做是希望让参观者更加直观地感受陀思妥耶夫

---

[1] 格罗斯曼. 陀思妥耶夫斯基传[M]. 王健夫, 译. 北京：外国文学出版社，1987：3.

斯基童年时期的生活环境和时代气息。今天，莫斯科的繁华与浪漫似乎依然与这座城市北端的建筑产生不了任何联系，但这里早已告别荒凉，每年都有数量众多的游客慕名而来。他们在这栋建筑里阅读着，凝望着，抚摸着，叹息着，就像一遍又一遍地阅读《卡拉马佐夫兄弟》《罪与罚》，抑或是《白痴》《群魔》。正是这些著作让陀思妥耶夫斯基成为在艺术上能与莎士比亚比肩的伟大作家，成为代表着俄罗斯文学深度的时代巨匠，也让他成为一代又一代读者心中的谜。

济贫院中的暗色童年

1821 年 11 月 11 日，陀思妥耶夫斯基出生在莫斯科玛利亚济贫医院，在这里他度过了整个童年。事实上，陀思妥耶夫斯基家族很久之前曾煊赫一时，家族中曾出现多位知识分子，其中还有过一位诗人。这样的家族渊源让陀思妥耶夫斯基很小的时候就对作家心驰神往。在成长的过程中，他受到了多方面的文学启蒙。例如，在他幼年时期，他就从保姆那里接触到了民间口头文学。这种充满想象力和感染力的文学体裁最早激发了陀思妥耶夫斯基对文学的热爱。此外，童年时期，陀思妥耶夫斯基有过不少机会接触到俄国建筑艺术的珍贵遗迹和民间绘画作品，克里姆林宫和莫斯科大教堂都给他留下了深刻的印象。而首都经常上演的古典戏剧也带给他艺术、审美上的滋养。

陀思妥耶夫斯基能走上文学道路，有一个人起到了至关重要的作用，那就是陀思妥耶夫斯基的母亲——玛丽亚·费奥多罗夫娜·涅恰耶娃。涅恰耶娃出生于莫斯科一个小手工业者家庭，她从小就受到良好的教育，客厅书橱里的图书大多属于这位温文尔雅的女主人。随着陀思妥耶夫斯基年龄的增长，母亲开始用《旧约》和《新约》教他认字，书中的神话故事让陀思妥耶夫斯基非常感兴趣。在陀思妥耶夫斯基还不能独立阅读时，母亲就为他讲述女作家安娜·拉德克里芙的长篇小说。安娜·拉德克里芙的小说以设置惊心动魄的情节、营造紧张恐怖的气氛见长，在

18世纪风靡一时。在莫斯科漫长的冬夜里,陀思妥耶夫斯基经常屏住呼吸聚精会神地听着母亲讲述一个又一个惊险刺激的故事,然后在故事中入眠。

温柔的母亲与善良的用人给陀思妥耶夫斯基留下了许多美好的童年回忆。虽然陀思妥耶夫斯基并不属于贫苦人中的一员,但是他的家庭与当时的俄国底层家庭有着许多相似之处:酗酒暴躁的父亲、温柔隐忍的母亲和众多的兄弟姐妹。后来,他的母亲在父亲多年的猜忌和责难中生病去世,这无疑会在他幼小的心里留下一块挥之不去的阴影。家庭与贫苦之间若即若离的关系让陀思妥耶夫斯基有着超越年龄的成熟,"他喜欢跟穿浅驼色住院服的病人攀谈,喜欢端详那些面色憔悴、愁眉不展的病人"①。

童年的经历影响了陀思妥耶夫斯基之后的创作,对底层人民的刻画与关注是陀思妥耶夫斯基作品中不变的主题。但是与众多19世纪作家不同的是:他的文学创作并不只是单纯地记录底层人的生活状态,而是选择与每个经受摧残与压迫的个体站在一起,对他们的心理状态进行理解和探寻。瓦·迈克夫说:"果戈理主要是一位社会诗人,而陀思妥耶夫斯基主要是一位心理诗人。"②陀思妥耶夫斯基善于展示人物的内心,他尊重并且肯定那些善恶交织的念头,他细致入微地体会、挖掘普通人不普通的心境。对那些隐藏、包裹在坚硬的生锈外壳之下的善良和爱,陀思妥耶夫斯基给予的不仅仅是赞美,更是欣慰和感动。因此他表达出的"人"的情感更为细微、更为复杂,这样的创作观也促成了陀思妥耶夫斯基的伟大。

陀思妥耶夫斯基一生当中主要居住在两个城市:莫斯科和圣彼得堡。在他的作品里,圣彼得堡的清晨与傍晚、街巷和建筑一次又一次地

---

① 格罗斯曼. 陀思妥耶夫斯基传[M]. 王健夫,译. 北京:外国文学出版社,1987:8.
② 格罗斯曼. 陀思妥耶夫斯基传[M]. 王健夫,译. 北京:外国文学出版社,1987:118.

出现，但莫斯科并没有被太多地提起，可能是他为了回避那段时间里双亲相继去世所带来的痛苦，也可能是莫斯科济贫院的生活环境过于简单重复，但无法否认的是这一时期的经历一直影响着陀思妥耶夫斯基的创作。

　　陀思妥耶夫斯基当时居住的房间是一间阳光很难照进来的不到10平方米的小屋子，两个俄式箱子就是陀思妥耶夫斯基和哥哥的床。逼仄的居住环境给陀思妥耶夫斯基留下的感受十分深刻，他几部小说的主人公都居住在阴暗狭小的房间里。更值得注意的是陀思妥耶夫斯基借小说主人公表明了对这样的居住环境的态度——既厌恶又依赖，既想逃离又觉得安全。某种程度上这也代表着他对童年的感受。在济贫医院，陀思妥耶夫斯基的母亲和保姆给他带来了家庭的温暖和最早的文学启蒙，同时父亲的喜怒无常和亲戚们的疏离又让他感到紧张和羞耻。最终，这一切并没有持续下去，随着母亲病故和父亲的意外去世，陀思妥耶夫斯基不得不离开家，前往军事工程学院读书。

故居博物馆铭牌

横空出世的青年作家

1838年,17岁的陀思妥耶夫斯基离开莫斯科,考进圣彼得堡的军事工程学院。在军事工程学院求学期间,他把全部的热情投入到文学创作中,尽管在1841年他晋升为陆军工程兵准尉,但依然渴望着在文学上有所建树。1843年,陀思妥耶夫斯基开始在圣彼得堡定居,两年后他的第一部小说《穷人》问世。

这部小说的发表对陀思妥耶夫斯基来说意义重大,《穷人》引起了俄罗斯文坛的关注,陀思妥耶夫斯基也借此从一名陆军低级军官变为职业作家。小说的主人公是一位小官吏,从主人公身份的选择来看,陀思妥耶夫斯基显然受到了19世纪欧洲文学新思潮的影响,主人公从帝王贵族变成正受着苦难的普通人。小说再现了当时残酷又无奈的社会环境和身处这种社会环境下的人的精神状态。陀思妥耶夫斯基将小说的核心关注点放在主人公马卡尔·杰弗什金和瓦莲卡·多勃谢洛娃之间的爱情上。在残酷的社会制度和艰难生活的双重压力下,这两个拥有高尚灵魂的人并没有冲破社会给予的宿命,相继走向了悲剧的结局。其中,陀思妥耶夫斯基着重描写了现实对二人心理造成的摧残,以及面对现实时两个人内心的挣扎与折磨。陀思妥耶夫斯基与其他同时期作者创作观念的不同在这本小说中已初露端倪:他的关注点更多地放在了对人物内心的描写和对人生的哲学化的思辨上。

陀思妥耶夫斯基文学创作生涯的早期,有一个人扮演着至关重要的角色,他就是别林斯基。别林斯基读完《穷人》后不吝赞美,他说:"又一个果戈理出现了。"作为当时俄国批评界的权威,别林斯基将"天才""伟大的作家"这样的评价给予了年轻的陀思妥耶夫斯基。陀思妥耶夫斯基晚年回忆在别林斯基住所与他相见的一刻,称:"那是我人生最美妙的时刻。"但是两人很快就分道扬镳了,是什么造成了这种局面?一直以来有很多解释,但根本原因还是两人文学观相左。别林斯基认为文学应该反映社会生活、揭露社会矛盾，应该以推动社会进步为使命。而陀思妥耶夫斯基早期的文学观则更加贴近纯艺术的文学观，他强调艺术与人之间的关系，"艺术是同人一起产生，一起发展，最后也会一起消亡"①。他认为只有在不限制艺术自由发展的前提下，艺术才能忠实于人。由此他强调文学艺术的独创性。"你可以猜想、可以期望、可以证明、可以号召，这些都是可以的，但不能为艺术设置种种障碍，不能在艺术领域充当专制君主的角色。"②陀思妥耶夫斯基在小说里钟爱的幻想、思索、哲理与虚构无一不被别林斯基视为无用和虚妄的元素，两人的决裂也就不可避免。此后年轻的陀思妥耶夫斯基继《穷人》之后先后创作了《双重人格》和《女房东》，但并未引起太大的反响。

这一时期，除了文学创作，陀思妥耶夫斯基也表现出了很高的参与社会改良的热情。1847年春天开始，陀思妥耶夫斯基开始参加当时著名的社会主义活动家彼得拉舍夫斯基的家庭聚会。在彼得拉舍夫斯基的家里，一群对社会经济感兴趣的年轻人讨论着空想社会主义、农奴制、司法改革和社会革命等问题。陀思妥耶夫斯基正是在这些讨论中接触到傅立叶空想社会主义学说，并且成为这种学说的支持者。在彼得拉舍夫斯基小组里，他不止一次发表关于空想社会主义的主题演讲，演讲时洋溢的热情和动人的言辞都给听众留下了深刻印象。也因此，陀思妥耶夫斯基得到了小组成员的尊重和友情。

如果就此将陀思妥耶夫斯基视为革命者，恐怕很多人都不赞同。正如彼得拉舍夫斯基小组的另一位成员谢苗诺夫所言，陀思妥耶夫斯基从来都不赞同暴力革命，他感兴趣的是运用作家的思想和诗人的语言当一位革命的宣传者和谋划者，而且他在彼得拉舍夫斯基小组中的许多活动

---

① 陀思妥耶夫斯基. 陀思妥耶夫斯基自述[M]. 黄忠晶，阮媛媛，编译. 天津：天津人民出版社，2013：273.
② 陀思妥耶夫斯基. 陀思妥耶夫斯基自述[M]. 黄忠晶，阮媛媛，编译. 天津：天津人民出版社，2013：274.

博物馆正门

都是围绕文学展开的。尽管如此,一件事却改变了陀思妥耶夫斯基的人生轨迹。1849 年 4 月,陀思妥耶夫斯基因在彼得拉舍夫斯基的家庭聚会上朗读别林斯基的《致果戈理的一封信》而遭到逮捕。这封信以对现实大胆的揭露和抨击而闻名。陀思妥耶夫斯基故居博物馆院内的全身雕像正是他宣读此信的形象。被捕后,彼得拉舍夫斯基小组被认定为社会主义小组,组内 21 个成员被军事法庭判处枪决。后来转机出现,最高审法院以该组成员年纪尚轻且其活动并未造成实质危害为由,请求沙皇尼古拉一世将死刑改为其他刑罚。虽然最终死刑被取消,沙皇却要求对陀思妥耶夫斯基和其他人的"赦免令"只有在宣读过原判并举行完死刑仪式后才能向他们宣布,"也就是说,只有在发出最后一道口令'开枪!'以前,才能宣读最后的判决"[①]。

1849 年 12 月 22 日清晨,陀思妥耶夫斯基被一辆黑色马车带到谢

---

① 格罗斯曼. 陀思妥耶夫斯基传[M]. 王健夫, 译. 北京: 外国文学出版社, 1987: 199.

苗诺夫校场,这里便是执行枪决的地方。他在《白痴》一文中曾借梅什金公爵之口回忆了被执行死刑当日自己的感受:"不远处有一座教堂,大礼拜堂顶部的镀金的屋顶在明媚的阳光下闪耀。他记得,他紧盯着那从屋顶和屋顶上放射出来的光芒;他无法让目光离开这光芒:他似乎感到,这光芒就是他新的本体,再过三分钟,他就将与它合为一体……"①执行死刑的过程超乎寻常的复杂,他们被要求排成一排,按次序来到断头台前,听着士兵们一起举枪的"哗啦"声,听着检察长掺杂着风声的宣读死刑判决书的声音——那声音念着自己的姓名、年龄和罪状,听着校场上不知何处传来的击鼓声,听着神父诵读最后一道训诫……最后,陀思妥耶夫斯基和自己的同伴们被要求依次亲吻十字架,换上白色衬衣。他终于要去那个新天地了,和漫长的人生相比,两者哪个更让人恐惧呢?时隔多年,陀思妥耶夫斯基在《作家日记》里说:"我们这些彼得拉舍夫斯基小组成员站在断头台上,听着对我们的判决,一点儿也不后悔。"②最终,陀思妥耶夫斯基被判发配到西伯利亚要塞服苦役四年。从《穷人》的成功到流放西伯利亚只有短短的五年时间,这期间陀思妥耶夫斯基既取得过广泛的赞誉,也曾滑落到死亡的边界。他既没有祈求宽恕,也没有畏惧死亡,对文学的热爱一直支撑着他,让他时时刻刻保持着对生活的勇气。等到流放归来,陀思妥耶夫斯基逐渐成为俄国文坛不可忽视的力量。

流放归来的文学巨擘

判决过后两天,陀思妥耶夫斯基和一批判决犯戴着脚镣前往西伯利亚,开始了长达四年的苦役监禁生活。之后五年,他又被安排在塞米巴

---

① 陀思妥耶夫斯基.白痴[M].臧仲伦,译.南京:译林出版社,2000:57.
② 陀思妥耶夫斯基.陀思妥耶夫斯基自述[M].黄忠晶,阮媛媛,编译.天津:天津人民出版社,2013:4.

拉金斯克服兵役。从 1850 年到 1859 年，西伯利亚的恶劣条件和服役带来的心灵折磨并没有摧垮陀思妥耶夫斯基，他将文学创作视为自己的新生。在《给哥哥的信》里他表达了自己被赦免后的心情，他说："哥哥，我并不感到悲伤，也没有灰心丧气……如果说生活有什么意义，有什么目标，那就是：无论遭遇多大的灾难，都不灰心和气馁……我的脑袋已经被砍下来了，它曾经以创造为乐，以崇高的艺术为生命，在精神上有最高的追求。现在我仍然有着记忆，以及我创造的还未得到体现的艺术形象。这些记忆和形象仍在折磨我。头被砍掉，我的心还在跳动……归根结底，这一切仍然是生活，太阳会照在每一个人身上！"[①] 他用拥抱阳光的信念，忍受并接纳了一切，历经苦难之后他终于等来了命运的改变。

1859 年，他获准以陆军少尉的身份退役，并且恢复发表作品的权利。这段时间的经历让陀思妥耶夫斯基对政治和人生都有了新的领悟，他有意识地让自己远离那些"危险"的思想。他变得保守而顺从，尝试接受当局者的邀请，保持与上流社会的良好互动。虽然这样的转变让他饱受文艺界的批评，但是他却获得了很多发表作品的机会。1860 年，他与兄长创办了《时代》杂志，他的《被侮辱的和被损害的》和《死屋手记》都发表在这本政治态度"温和"的杂志上。

幸与不幸的转换就在一瞬间，这段流放经历虽然让陀思妥耶夫斯基饱受肉体和精神上的折磨，但是也给陀思妥耶夫斯基提供了丰富的创作素材，并且让他对生活、对人性有了更深层次的理解。陀思妥耶夫斯基全部成熟的作品都源于苦役和流放的岁月。他之后的几部小说，包括《地下室手记》《死屋手记》和《罪与罚》都与这段时期的经历有关。《死屋手记》很大程度上记录了陀思妥耶夫斯基服刑时的遭遇、感受与思考，他在狱中遇到的很多人都成为他之后小说的人物原型。这些作品标志着

---

① 陀思妥耶夫斯基. 陀思妥耶夫斯基自述[M]. 黄忠晶, 阮媛媛, 编译. 天津：天津人民出版社, 2013：7.

陀思妥耶夫斯基的创作进入一个新时期。《罪与罚》的成功对于陀思妥耶夫斯基来说是十分重要的，如果说《地下室手记》标志着陀思妥耶夫斯基心理分析的运用走向成熟，那么《罪与罚》则将他的作品从心理分析提高到哲学和宗教的思考高度。他比较明确地确立了反对虚无主义的思想主题，并且为世界文学提供了"索尼娅道路"。

1866年《罪与罚》发表后，陀思妥耶夫斯基在文坛上声誉日隆，他的创作无论是质量还是数量都进入鼎盛时期。从1867年到1872年，他相继发表了《赌徒》《白痴》《群魔》三部长篇小说，这些作品进一步扩大了前几部小说给他带来的声誉。19世纪70年代，陀思妥耶夫斯基渐渐获得了文学界和政界的双重认同。"至19世纪70年代，有些批评家把他的姓氏和莎士比亚并列"[1]，1877年陀思妥耶夫斯基被选为科学院俄罗斯语言文学部通讯院士。

博物馆内景

---

[1] 陀思妥耶夫斯基.费·陀思妥耶夫斯基全集.第1卷.[M].磊然，等译.石家庄：河北教育出版社，2010：18.

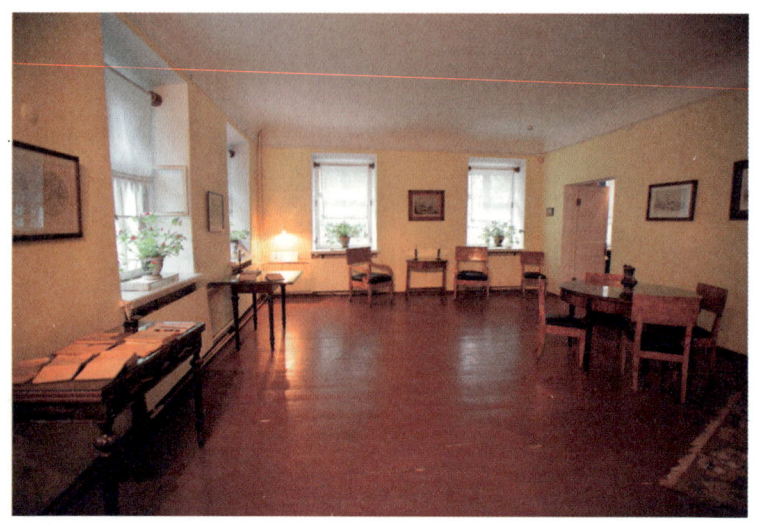

博物馆内景

谈到陀思妥耶夫斯基文学生涯后半期的成功，就不能不提到他的妻子安娜·格里戈里耶夫娜·斯妮特金娜。1866年9月，随着《罪与罚》交稿日期的临近，陀思妥耶夫斯基不得不找一位速记员来帮助自己记录剩余的大量内容，就这样，这位只有20岁的年轻姑娘进入了陀思妥耶夫斯基的生活。在斯妮特金娜之前，陀思妥耶夫斯基经历过一段并不成功的婚姻，第一任妻子去世后，又经历过几次让他备受折磨的爱情，都有始无终。直到遇到斯妮特金娜，陀思妥耶夫斯基终于获得了一直在寻找的爱情，斯妮特金娜崇拜陀思妥耶夫斯基过人的才华，并且完全接纳了他性格中的缺点，陀思妥耶夫斯基在爱情里得到了久违的宽恕。童年的经历让陀思妥耶夫斯基对温馨的家庭生活充满了渴望，正是斯妮特金娜的爱让陀思妥耶夫斯基敏感不安的心沉静下来。陀思妥耶夫斯基与她有着因文学而产生的优美爱情故事，而他们的爱情又帮助陀思妥耶夫斯基专注于自己的文学事业。陀思妥耶夫斯基去世后，斯妮特金娜独自生活了近40年。陀思妥耶夫斯基故居博物馆正是由她创办，馆内数量众多的藏品也都由她亲自收集，斯妮特金娜用这样的方式表达着对丈夫矢志不渝的爱。

  1880 年，陀思妥耶夫斯基完成了他最成功的一部小说——《卡拉马佐夫兄弟》。这部小说被作家列·格罗斯曼称为"当代俄国的史诗"，整部小说构思宏伟、线索众多、布局复杂。它取材于一桩真实的弑父案件，案件的主人公当时被法院误判，在真凶服法后得以无罪释放。在陀思妥耶夫斯基的小说里，被杀死的父亲老卡拉马佐夫贪婪好色，控制着妻子留下的财产，并且与长子德米特里争夺情人。小说的矛盾就杀死父亲和父亲被暗杀展开。长子德米特里虽然动了杀死父亲的念头，但是最终没有动手。次子伊万是一个理性主义者，他一方面同情人类的苦难，一方面对父亲恨之入骨。三子阿辽沙对上帝有着坚定的信仰，他斡旋于家庭成员之间并包容每一个人。斯麦尔佳科夫是老卡拉马佐夫的私生子，他抓住德米特里弑父的动机，杀死父亲并嫁祸给德米特里。整部小说结构紧密，节奏紧凑，情节都在快速变化中发展，显示出作者极高的叙事技巧。同时，陀思妥耶夫斯基用复调的艺术手法展开了一次家庭、社会、灵魂、信仰和上帝的"大型对话"，表面上沿用西方文学中常见的"弑父"主题，实际内核已经上升到精神信仰问题：神性与理性之争。显然，陀思妥耶夫斯基在这部小说里最关注的依然是心理问题和哲学问题，他通过描写人物的激烈思想斗争来表达罪恶、承认罪恶、最后以善和忏悔作为结尾：斯麦尔佳科夫在对伊万坦白真相后选择自杀，伊万因无法面对自己造成的局面而发疯，德米特里被释放后在阿辽沙的帮助下实现忏悔，只有阿辽沙获得了新生。通观整部小说，陀思妥耶夫斯基的"诗学叙事"和"悲壮风格"都在这部作品中展现出来。

  令人唏嘘的是，陀思妥耶夫斯基的生命旅程却结束在了最辉煌的时刻。他刚刚完成《卡拉马佐夫兄弟》的创作，并且计划撰写这部小说的续集之后，他又在莫斯科参加了普希金纪念碑的揭幕典礼，发表了《关于普希金的演讲》，得到了广泛的赞誉。毫无疑问，这时的陀思妥耶夫斯基已经是公认的俄国伟大的文学家和思想家。可也是在这时，他的生命却猝不及防地走到了尽头。"尽管受过千辛万苦，我仍然向往幸福，我梦想开始新的生活。"陀思妥耶夫斯基说。陀思妥耶夫斯基的一生都在不断追寻幸福与阳光，他用挣扎的、痛苦的文字写出关于灵魂救赎的诗话，他用自己的信念求索着从苦痛通往幸福的道路。"请记住，阿尼娅，我一直热爱你，从未对你变过心，甚至连这样的念头也不曾有过。"①这是陀思妥耶夫斯基对妻子说的最后一句话。1881年2月9日，这位伟大俄国作家的生命结束了。

从《罪与罚》开始，陀思妥耶夫斯基就已经获得了很高的声誉，而《卡拉马佐夫兄弟》所取得的巨大成就又让人们在他的姓氏之前冠以"伟大"一词。高尔基将他与列夫·托尔斯泰视为最伟大的两个天才，在高尔基看来，陀思妥耶夫斯基用自己天才的力量震撼了世界，使整个欧洲惊愕地注视着俄罗斯，他是足以与莎士比亚、但丁、卢梭并列的人物。从陀思妥耶夫斯基的文学成就和作品影响力来看，高尔基的评价是十分中肯的。无论是陀思妥耶夫斯基的作品还是他的人格都对世界有着十分深远的影响，就像博尔赫斯所说："发现陀思妥耶夫斯基，就像发现大海，发现爱情。"

现实主义的艺术新峰

陀思妥耶夫斯基的所有艺术成就中，最引人注目的就是心理描写。他用心理分析的方式来表现人在当下的反应和反应背后的心理活动，他想刻画的是"人心灵的全部深处"。正是因为这样的风格，有人称陀思妥耶夫斯基为"心理学家"，他本人对这一赞誉做出了反驳，他认为自己是"最高意义上的现实主义者"。赖因哈德·劳特在《陀思妥耶夫斯基哲学》一书中将"最高意义上的现实主义"与"自然派的现实主义"作对比，他说："深刻的现实主义有别于'自然派'的现实主义，它尝

---

① 格罗斯曼. 陀思妥耶夫斯基传[M]. 王健夫，译. 北京：外国文学出版社，1987：765.

试能看到完整的精神现实,而不只是显露在外面的部分,即在这种现实的全部复杂性和矛盾性上的灵魂生活。"①这段话很好地解释了陀思妥耶夫斯基的小说对俄国早期现实主义作品的影响:俄国早期自然派现实主义关注的是人与社会环境之间的关系,他们描写小人物的不幸命运,体现着人道主义倾向。但这样的描写忽略了人的精神世界和内心世界。如果没有这一部分,那么文学始终没能做到展现一个完整的"人"。由此,我们可以发现正是对人的心理的深入挖掘才使陀思妥耶夫斯基成为"最高意义上的现实主义者"。

法国作家纪德从另一个角度分析陀思妥耶夫斯基对传统现实主义的贡献:"在全部西方文学里——不仅仅是法国文学——除了极少数的例外,小说讲的都是人与人的关系,感情关系或思想关系、家庭关系、社会关系、阶级关系,但是从不,几乎不谈个人与自我或上帝的关系,而在陀思妥耶夫斯基作品中,这最后一种关系超过了一切其他的关系。"②陀思妥耶夫斯基的创作首先是基于传统现实主义,他反映的是时代环境

博物馆一隅

---

① 劳特. 陀思妥耶夫斯基哲学[M]. 沈真, 等译. 北京: 东方出版社, 1997: 196.
② 纪德. 陀思妥耶夫斯基[M]. 桂裕芳, 译. 北京: 北京出版社, 2017: 4-5.

博物馆内展品

下的个体遭遇,他讲述人与人之间的关系,讲述阶级、财富和观念如何塑造了一个人。但是这并不是陀思妥耶夫斯基作品的全部,他更为关注的是一个由外部塑造好的人如何面对自己。在外部的侵犯与反馈产生后,人如何认识自己和接受自己,这便是个人与自我之间的关系。《地下室手记》中描述了主人公和他人之间的往来,比如他与同学西蒙诺夫等人交往。但是作者的关注点显然不在主人公如何适应现实,或者如何摆脱他人给予的不幸,而是着力描写主人公如何接纳自己,如何应对自己内心中的"恶"与"丑"。所以,在整篇文章中,"地下室人"面对自己的懦弱与卑鄙不断地自嘲、自解、自我肯定,又自问、自答、自我推翻。他的自我接受和自我逃避都不是因为别人的行为,而是因为面对他人行为时自己的心理变化。这些正是"最高意义的现实主义"的体现。

幻想是陀思妥耶夫斯基经常使用的一种艺术手法,他早期的作品塑造了许多喜欢幻想、沉浸于幻想中的主人公形象。《白夜》的主人公就是一个彻底沉浸在幻想中的幻想者,一个从人群中分离出来的孤独者。他靠着对所谓"现实"的幻想,来满足自己对美好生活的渴望。在陀思妥耶夫斯基看来,幻想是一种很普通的心理活动,这种心理活动发生在每个人的内心,某种程度上,幻想是一种心灵上的真实。当《白夜》的主人公幻想自己取得了诗人的荣誉,并在伯爵夫人处为大家朗诵诗歌时,那种由幻想带来的现实体验让他感到疲惫不堪。虽然这件事并没有在现实中发生,但是幻想所带来的感官体验却是真实的。陀思妥耶夫斯基对幻想的处理手法,从一开始就不同于意识流手法或纯幻想主义。后两种手法更多地指向人的精神层面,缺少对现实的映照,也不屑于实现对现实的映照。陀思妥耶夫斯基小说中的幻想从一开始就是为了反映、解释现实,他作品里的幻想与现实不断地交叉对话,这种手法更接近于"现实主义的幻想"。陀思妥耶夫斯基后期的作品对幻想这一艺术手段运用得更加巧妙:幻想与现实交融得更加紧密,两者在某种意义上实现了对话。陀思妥耶夫斯基经常先把"幻想"置于"现实",利用现实对幻想进行批判,然后他又拿"幻想"作为"现实"的参照,从而实现对现实的批判。在这样相互倾诉、相互对比的关系中,人物的内心世界与现实世界实现了直接的碰撞。

另一方面,描写幻想可以实现对人物心理的深入挖掘,从而展现人物的心理活动。《罪与罚》中主人公拉斯柯尔尼科夫在杀人之前反复幻想整个杀人过程。从幻想到实施行动,拉斯柯尔尼科夫内心的挣扎与矛盾愈发地凸显出来。最开始在"超人"哲学引导下,他认为为了更伟大的目标可以牺牲"平凡的人",但是随着他在脑海里不断地幻想从离开家到杀人的情景,他开始愈发不确定自己想法的对错,却深陷在幻想之中无法自拔。这种无法自拔恰恰反映出拉斯柯尔尼科夫的挣扎,他想依靠幻想来向自己证明自己的想法没有错。"他不必走很多路;他甚至知道,从他的房子大门口到那儿有多少步路:总共七百三十步。有一次,他在胡思乱想中,竟把这段路一步一步地数了一遍。当时,他自己也不相信这些幻想有变为现实的可能,只是这些幻想中那个荒唐的但却富于魅力的大胆行为打动了他的心……"[①]拉斯柯尔尼科夫的心理活动随着

---

① 陀思妥耶夫斯基. 罪与罚[M]. 岳麟,译. 上海:上海译文出版社,1979:4.

他幻想的展开与变化更加清晰地展现在读者面前，幻想的过程也恰恰是拉斯柯尔尼科夫心理变化的过程。

从别林斯基开始，陀思妥耶夫斯基就被称为"天才"，渐渐地，人们在"天才"前面加上了一些形容词。如尼·米哈伊洛夫斯基称他为"残酷的天才"，阿·瓦·卢那察尔斯基则叫他"病态的天才"。人们之所以用"残酷的"“病态的"来形容他，主要是因为他的小说对表现"恶"的兴趣远远超过表现"善"的兴趣，他笔下的主要人物往往带有反常的、病态的甚至是神经质的性格特征。

陀思妥耶夫斯基笔下的主要人物与传统小说的英雄式主人公截然不同，这些主要角色饱尝社会与他人的侮辱和伤害，这些苦痛在他们心中发酵，生出更多罪恶的念头。陀思妥耶夫斯基笔下很少有人格上的完美人物，这些人物习惯把他人造成的苦难还给他人，但是在这个过程中人物本身并没有得到救赎，反而饱受内心的谴责和自我折磨。这些由"恶"带来的"谴责"与"折磨"正是陀思妥耶夫斯基想要表达的"善良"与"崇高"。正如鲁迅所说："他把小说中的男男女女，放在万难忍受的境遇里，来试炼它们，不但剥去了表面的洁白，拷问出藏在底下的罪恶，而且还要拷问出藏在那罪恶之下的真正的洁白来。"①陀思妥耶夫斯基的小说中经常出现"忏悔"，一个人对自己的忏悔、对《福音书》的忏悔、对神父的忏悔等，种种忏悔便是罪恶通往崇高的路，也是心灵的救赎之路。

陀思妥耶夫斯基说，世上有许多高贵的心灵，他描绘罪恶的目的并不是试图否定善良与崇高，而是试图寻找罪恶的来源。从《罪与罚》到《白痴》再到《卡拉马佐夫兄弟》，陀思妥耶夫斯基一直尝试回答这个问题，也给出了相对明确的答案。在陀思妥耶夫斯基的作品中，与爱相对的不是恨，而是不加控制的理智。陀思妥耶夫斯基将思考与意志视为罪恶的根源，认为只有抛弃思考才能摆脱罪恶的引导，从而避免沉沦其中。

---

① 鲁迅. 鲁迅全集. 第六卷[M]. 北京：人民文学出版社，2005：425.

《罪与罚》中拉斯柯尔尼科夫受"超人"哲学的引导,走向了反抗之路,但是他非但没有体会到作为"超人"的快感,反而在杀人之后陷入深深的悔恨,最终在警察没有怀疑他的情况下选择自首。从这一点我们可以知道,带给拉斯柯尔尼科夫折磨的并不是现实中的惩罚,而是自己灵魂对自己的审判。同样的,《卡拉马佐夫兄弟》里杀死父亲的并不是伊万,但是弑父的想法一直存在于他的内心,并且传递给斯麦尔佳科夫。悲剧发生后,作为一个绝对理性的人,伊万依然无法躲避来自内心的谴责和对自己的怀疑。在这两部小说里,陀思妥耶夫斯基都将理性与罪恶联系到一起,他认为靠理性来保证人性中的绝对的善是无法实现的,只有在神性的引导下,人才能不僭越自己的权利。而陀思妥耶夫斯基最常提到的"忏悔"正是他认为的宗教与回归之路,这些也代表着陀思妥耶夫斯基对个人与上帝之间关系的讨论。

陀思妥耶夫斯基是人类灵魂的伟大审问者,但是他首先把自己视为罪人,在他毫不留情地揭发人类的罪恶时,首先拷问的便是自己的灵魂。他永远相信那些罪恶与病态之下的善意,甚至把这种善意当作唯一真实

小木马

的"人性的光芒",所以他不只可以表现出人类灵魂的恶,也可以找到那些恶背后的善,最终表现出善恶交织的灵魂的"深"。鲁迅说:"在甚深的灵魂中,无所谓'残酷',更无所谓'慈悲';但将这灵魂显示于人的,是'在高的意义上的写实主义者'。"①

颇受争议的多面人格

作为世界文学史上最复杂、最矛盾的作家之一,陀思妥耶夫斯基的人格和他小说中的人物性格一样备受瞩目。早在1896年,法国学者沃盖曾指出陀思妥耶夫斯基本人具有"双重人格":一方面是作为癫痫病患者的敏感、孤独、自卑、歇斯底里的病态特质;另一方面又有作为艺术家的敏锐、热情和深刻的艺术感悟力。并且他认为正是这样的"双重人格"让陀思妥耶夫斯基拥有心理分析和哲学思辨的双重才华。后来弗洛伊德将陀思妥耶夫斯基的人格总结为四点:"在陀思妥耶夫斯基丰富的人格中,可分出四个方面:富有创造性的艺术家、神经症者、道德家和罪人。"②

陀思妥耶夫斯基作为一个伟大艺术家是无可争议的,值得关注的是他性格中的其他方面与他艺术创作之间的关系。

陀思妥耶夫斯基性格中的病态特质一直备受研究者们的关注。从他的成长经历来看,陀思妥耶夫斯基性格有"病态"一面并不奇怪,他从很小的年纪就开始饱受癫痫症的困扰,童年经历也给陀思妥耶夫斯基留下了一定的创伤,之后的死刑和流放经历都让他处于一种巨大的不安和恐惧之中,这些心灵创伤确实影响着陀思妥耶夫斯基的创作风格和审美走向。他早期的作品中,经常描写人物的敏感多疑又自卑自负的复杂心

---

① 鲁迅. 鲁迅全集. 第七卷[M]. 北京:人民文学出版社,2005:106.
② 弗洛伊德. 弗洛伊德文集. 第7卷[M]. 车文博,主编. 长春:长春出版社,2004:145.

理，同时也多选择阴冷、潮湿和封闭的环境。后期的作品中，小说的主人公又往往被罪恶的念头包裹，他总是用细腻的笔触看似津津乐道般描绘罪恶面前人的挣扎和无力。这种带着"病态"的审美倾向很难说没有他自身的人格特征掺杂其中，但是这样独特的审美倾向也成为他文学艺术创作的一部分。

弗洛伊德认为陀思妥耶夫斯基被视为"罪人"，主要是因为他对写作素材的选择。"他总是挑选那些暴虐的、行凶的和利己的人物，这让人联想到他的内心是否有着某些类似的倾向。"①陀思妥耶夫斯基喜欢从自身的经历挑选素材，这会让人将他生活中的一些不良习惯过度引申为思想动机。但是如果了解了作家的人生经历和情感经历，你很快就会否定这样的观点。陀思妥耶夫斯基的一生一直真诚地爱着身边的人。成年之前，他先后经历了母亲和父亲的离世，母亲的离世标志着家庭的崩溃，而父亲的意外去世则让这个家庭彻底地瓦解。但是这并没有令陀思妥耶夫斯基放弃自己的家庭责任。作为家庭中的第二个孩子，陀思妥耶夫斯基在给哥哥的信中表达了对年幼弟妹的深切担忧。他说："一想到他们（弟弟妹妹）即将要被人领养，我便感到万分悲痛。"同时，陀思妥耶夫斯基也表示会尽力帮助兄长抚养弟弟妹妹们。结束兵役重返圣彼得堡之后，他一直担负抚养亲人的责任，包括已故兄长的一家、前妻的儿子，还有自己的弟弟。弗洛伊德说："在小事情上，他对别人是个施虐狂；在大事情上，他是个指向自己的施虐狂，实际上他是一个自我受虐狂——即是说，他是一个最温和、最富有同情心和乐于助人的人。"②甚至我们可以说，陀思妥耶夫斯基是一个谦逊的人，在他取得巨大成就的时候，他仍然保持着谦逊。他非常渴望平静安稳的家庭生活，他的妻子说他是一个无比温柔的父亲，他喜欢给孩子们朗诵普希金的诗歌，带他

---

① 弗洛伊德. 弗洛伊德文集. 第7卷[M]. 车文博, 主编. 长春：长春出版社, 2004：145.
② 弗洛伊德. 弗洛伊德文集. 第7卷[M]. 车文博, 主编. 长春：长春出版社, 2004：146.

博物馆外景

们去看歌剧。作家的最后十年从婚姻和家庭中获得了巨大的幸福感和满足感,他说:"婚姻中寓有一个人四分之三的幸福,而在其他方面,连四分之一都不到。"①

弗洛伊德的疑问如果转换为更为通俗和常规的文学问题,那就是创作者和作品之间的关系,即作品能否代表创作者的人格,这是一个值得持久争论的问题。但是如果陀思妥耶夫斯基的作品让人们不禁一次又一次地好奇乃至联想到作者本人的性格特征,我们只能说陀思妥耶夫斯基的创作是成功的,是打动人心的,是"最高的现实主义"。因此可以说,作品中无论是艺术家还是罪人,实际上展现的都是陀思妥耶夫斯基在文学上的巨大创造力。

弗洛伊德对"道德者"的评价也持有怀疑,他认为陀思妥耶夫斯基并未掌握道德的实质,即自我克制。这一点是无法否认的,因为在陀思

---

① 格罗斯曼. 陀思妥耶夫斯基传[M]. 王健夫, 译. 北京: 外国文学出版社, 1987: 629.

妥耶夫斯基的所有身份中一个不能忽略的身份就是赌徒。从年轻时他就被赌博吸引，一度沉迷于轮盘赌，并且背负了大量的债务。在政治倾向上，从西伯利亚回来后，他基本放弃了原本的进步观点，转而和沙皇、贵族站在一起。这些都说明陀思妥耶夫斯基不是传统意义上的道德楷模，甚至可以说与此相去甚远。但是弗洛伊德也注意到了一个非常重要的问题，那就是俄罗斯人对道德的看法，"这种对道德的妥协的确是俄罗斯人典型特征"①。如果参考俄罗斯人的道德标准，那么关于陀思妥耶夫斯基对道德者的判断就很好理解了。首先俄罗斯人并不着意养成严谨的作风，他们认为个人生活比一切社会关系都重要；其次，俄罗斯人对痛苦的同情，同样扩展至罪人；最后，他们随时准备忏悔过失，以一种谦卑的姿态面对自己的过失，在俄罗斯人的道德观里忏悔是获得道德的重要手段。②

俄罗斯人对道德的理解更为宽泛，他们更容易原谅一个人因为自身原因而犯下的错误，更加肯定忏悔的道德作用。尽管陀思妥耶夫斯基并不拥有完美的人格，但从文学创作的角度来看，陀思妥耶夫斯基是一位极具民族性的作家。他书写的就是俄罗斯人对道德的认知，他描绘的是俄罗斯人期待的道德形象。这些也与他对本国的文学和艺术的态度十分一致：陀思妥耶夫斯基对俄国人和俄国社会背负着强烈的使命感；他同每个俄罗斯人一样用最谦卑的姿态展现自己的灵魂，忏悔罪与恶；他所拥有的道德是他思想的一部分，这些与那片广袤的土地和善良的人们始终一起存在。

陀思妥耶夫斯基用文字、故事、思想与灵魂反复征服着世界。他细腻而精准的笔触、宏大而严谨的叙事、深邃而富有哲学的思辨和善恶交织的灵魂带给世界文坛和读者无数震撼与感动。他的作品所拥有的神秘、

---

① 弗洛伊德. 弗洛伊德文集. 第7卷[M]. 车文博，主编. 长春：长春出版社，2004：145.
② 以上关于俄罗斯道德氛围的内容参考纪德《陀思妥耶夫斯基》第二讲。

复杂和深邃无不体现着他的无可取代。

当访客离去，嘈杂消退，陀思妥耶夫斯基平静地站在院子里，不知此时他是会想起童年阿廖娜保姆给他讲的童话故事，还是会记起自己踮起脚尖看《约伯记》的画面。最终，他还是回到这里，回到了莫斯科——这个记录着他欢乐与痛苦的地方。

此时，他眼眸里有渴望拥抱一切的冷火、长夜里曾经让自己镇静下来的烟卷的明暗，还有西伯利亚灿烂的星空。请相信，所有的发光体和反光体都埋藏在他的心里，当你的手轻轻拂去表面的灰尘，你会惊诧这里闪烁着的光芒更胜伏尔加河的波光粼粼；也请相信，这副瘦弱身躯上的头颅，最疯狂，也最清醒。而它，属于陀思妥耶夫斯基。

（撰稿：白天宇）

参考文献

弗洛伊德. 弗洛伊德文集 [M]. 车文博，编. 长春：长春出版社，2004.

弗兰克. 陀思妥耶夫斯基传：受难的年代 [M]. 刘佳林，译. 桂林：广西师范大学出版社，2016.

格罗斯曼. 陀思妥耶夫斯基传 [M]. 王健夫，译. 北京：外国文学出版社，1987.

纪德. 陀思妥耶夫斯基 [M]. 桂裕芳，译. 北京：北京出版社，2017.

劳特. 陀思妥耶夫斯基哲学 [M]. 沈真等，译. 北京：东方出版社，1997.

鲁迅. 鲁迅全集 [M]. 北京：人民文学出版社，2005.

陀思妥耶夫斯基. 罪与罚 [M]. 岳麟，译. 上海：上海译文出版社，

1979.

陀思妥耶夫斯基. 白痴 [M]. 臧仲伦，译. 南京：译林出版社，2000.

陀思妥耶夫斯基. 费·陀思妥耶夫斯基全集 [M]. 磊然，等译. 石家庄：河北教育出版社，2010.

陀思妥耶夫斯基. 陀思妥耶夫斯基自述 [M]. 黄忠晶，阮媛媛，编译. 天津：天津人民出版社，2013.

谢列兹涅夫. 陀思妥耶夫斯基传 [M]. 徐昌翰，译. 北京：人民文学出版社，2011.

福楼拜

  克鲁瓦塞镇坐落在法国鲁昂郊区的塞纳河畔,原本是一座偏僻而安静的乡村村落,背靠葱茏的群山,俯临汩汩长流的塞纳河水。在世界工业大潮的推动下,这里已经变成了充盈着喧嚣、聒噪的码头住宅区,负重的卡车轰鸣着川流不息,以福楼拜命名的酒吧的橱窗玻璃,在货车的"嘎嘎"声中震动着。冰冷的起重机在行人头顶的上空起起落落,打桩机富有节奏的震响为这幅繁荣的画面增添了色彩。1844年,法国文学史上声名煊赫的大文豪福楼拜在一次意外中遭受了第一次癫痫的袭击,两次发病之后,被认定患有某种神经性疾病,他不得不永远地结束了在巴黎的法律研究。但对于早已对文学抱有无限期待并矢志不渝的福楼拜而言,这种终止并未在他心里引发任何的波澜甚至惋惜。同年,他来到了父亲刚刚置备的克鲁瓦塞别墅,并在接下来的几十年中将其作为日常蛰居的良宅以及写作的基地,在安心养病的同时潜心创作,并终其一生。

  福楼拜的一生就像塞纳河水一般平稳而安定。在目睹了众多因言论激进而被迫流亡国外的大文豪的人生经历之后,我们唯有以"安稳"二字来形容福楼拜的一生。矗立在我们面前的这一座平淡无奇的西式建筑物,便是福楼拜的故居,他在此居住了30多年。在此期间,福楼拜也曾与友人一道周游世界以搜集写作素材,他到过埃及、土耳其、希腊、意大利等多个国家和地区,但离开克鲁瓦塞最长的时间也不过是18个月。"我和我的书,在同一套公寓里,就像一根泡在醋里的腌黄瓜。"① 福楼拜如此评价他的日常生活。

在克鲁瓦塞镇曾经流行过这样一种有趣的说法:福楼拜的这座位于塞纳河畔的别墅,常常在深夜依然从狭小的窗口发出微弱的灯光,因而过往的水手便将此当作往返的航标,几十年间从未中断。而在白天,福楼拜则习惯于开着窗子写作,别墅的窗子正对着塞纳河,河中乘船来往的贵妇们则以看到坐在窗台边写作的福楼拜作为旅行途中的最大乐趣,而福楼拜也正是通过窗子来观察、审视芸芸众生。实际上,我们眼前的这处小小的居所只是福楼拜生前住所的一部分,原址在福楼拜去世之后便逐渐被侵占,在接下来的几百年中,福楼拜的旧居在工业发展的大潮中几乎被侵蚀殆尽。

对于已然消逝且不能重现的众多事物,我们总是善于以遗物的形式加以记录、保存。那些永不会随岁月褪色的物什总会以一种温情而直接的方式将我们带回那段反复沉吟、再三咀嚼的旧日时光,我们称之为"昨日重现",并以此对旧日的时光予以注目、致意。而福楼拜无疑是一个另类,他曾在一篇文章中特别提及东方习俗中对死者的住屋进行拆毁的行为,并大加赞赏。福楼拜是一个悲观主义者,他始终以一种苍凉、淡漠的态度看待人类的前途,他认为,人对自由、正义、幸福、宗教、科学的渴望,都是无法满足的,而人类总是把原因归咎于失败的既定命运,因此他对自己死后一切存留于世的关于他的任何东西都毫不在意。

但我们仍要对这座历经岁月的洗礼依然挺立的建筑心存感激,正是

---

① 巴恩斯. 福楼拜的鹦鹉[M]. 汤永宽,译. 南京:译林出版社,2005:30.

因为它的存在，才使得我们对这位传承了世界文学史上的现实主义传统，并以此为基点而开创了自然主义等其他现代流派的文学大师的敬仰有线索可寻、有实据为证。福楼拜在这一座不起眼的小镇上完成了他此生绝大部分的文学创作，那些家喻户晓并为人所津津乐道的小说正是在这样的环境中孕育而生的。塞纳河畔的克鲁瓦塞镇接纳了这位法国文学史上的巨人，而福楼拜更是以其卓越的天赋和孜孜不倦的探求精神让这座小镇闻名于世。

福楼拜故居（法国鲁昂）

　　福楼拜曾说："我是卑微而耐心的采珠人，泅入深海，而浮出水面时却两手空空，脸色发青。某种命中注定对我有吸引力的东西把我拉向思想的深渊，拉向从不停止引诱强者的那些最深邃之处。"[1]纵观福楼拜的一生，他始终以谦卑而热情的态度默默采撷文学海洋深处的扇贝，在他短暂的59年生命中，他始终穿梭于住宅和世界各地之间，搜寻着创作素材。对文学的热爱让他不顾父亲的强烈反对和辛辣嘲讽，毅然放弃了前途大好的法律专业而奔向文学的怀抱，并扬言除了文学之外，不会再去选择其他的道路。这句豪言壮语一出，福楼拜便在这条道路上坚持到了生命的最后一刻。文学曾给福楼拜带来短暂的声名，同时也给他的

---

[1] 巴恩斯. 福楼拜的鹦鹉[M]. 汤永宽, 译. 南京：译林出版社, 2005：31.

心灵带来了深深的苦痛，但所有的这一切在福楼拜看来都不过是过眼云烟，他从未将文学当作自己向上流社会攀登的阶梯，甚至在晚年，他还曾因生活上的入不敷出而接受政府的救济。但在福楼拜死后，他为法国乃至整个世界文学所带来的革命性的影响日益凸显。福楼拜说："我将凝神注视着艺术的海洋以消磨一生，在这海洋之上别人在航行或战斗；而我则不时泅入海中采集那没有人要的绿色黄色的贝壳自娱。然后我将这些贝壳留给自己，用来铺饰我的茅屋的墙壁。"① 他的一生，的确如他自己所说，始终都是一位卑微而耐心的采珠人。

著名批评家李健吾曾说："司汤达深刻，巴尔扎克伟大，但是福楼拜，完美。巴尔扎克创造了一个世界，司汤达剖开了一个人的脏腑，而福楼拜告诉我们，一切由于相对的关联。他有他风格的理想，而每一部小说，基于主旨的不同，构成不同的风格的理想。"②

当我们终于怀着深深的崇仰之情颤抖着双手推开尘封已久的大门，轻轻抚落陈旧物什上厚积的灰土，我们终于发现：时光可以带走崇高者的身体，但崇高者的寸寸真理、点点智慧，却在岁月的淘洗下愈发光彩夺目、熠熠生辉。

自我隐没的巨人

"我对于将心里的想法落在纸上的做法感到一种不可抑制的厌恶；我甚至感到，一个小说家没有权利对任何事物发表自己的见解。"③

1821年12月12日，福楼拜作为鲁昂主宫医院外科主任阿希尔-克勒奥法斯·福楼拜的第五个孩子降生了。他出生在两个哥哥的相继夭逝之后，在生命初始，命运便给了他一副孱弱的身体。福楼拜的父亲预

---

① 巴恩斯. 福楼拜的鹦鹉[M]. 汤永宽, 译. 南京：译林出版社, 2005: 31.
② 李健吾. 福楼拜评传[M]. 长沙：湖南人民出版社, 1980: 6.
③ 郑克鲁. 法国文学史[M]. 上海：上海外语教育出版社, 2016: 579.

言他不可能活下来,便预先在西梅基埃尔·摩奴孟托尔买下了一小块地作为福楼拜日后的坟茔。然而出人意料的是,这个瘦弱不堪的孩子居然奇迹般地活了下来,这对于福楼拜一家而言无疑是一件大好事。但令人失望的是,这个上帝赐予的孩子并没有像其他婴孩一般活泼、健康,幼年的福楼拜甚至被文学家萨特形容为白痴。童年时期的福楼拜是个迟钝的孩子,常常吮吸着手指呆坐,一坐就是几个小时,而脸上则挂着愚蠢的表情——这是这个侥幸存活于世的孩子留给父母的最初印象。

福楼拜的父亲是香槟省人,而母亲是诺曼底人,这两个不同地域性格迥异的人的特征在小福楼拜的身上体现得淋漓尽致。他的性格开朗活泼,却时常被一种莫名的忧郁所笼罩。他在生活中常常会做出一些滑稽好玩的事情,内心却憧憬着一种追寻不到的理想境界。

福楼拜的母亲出生于一个古老的贵族家庭,因此读书较多,她常常教福楼拜的哥哥识字,福楼拜与妹妹便在一边旁听,学到最后,他总是那个反应最慢的人。上学之后,福楼拜的哲学和历史成绩遥遥领先,但令人惊讶的是,他却怎么都搞不懂数学,这样明显的反差似乎早已预示了这位文学天才日后的人生走向。

由于福楼拜出生于医生家庭,他童年时,从居所的窗口向外张望便可以清楚地看到解剖室里所发生的一切。医院又高又厚的灰墙,生满锈迹的铁门,目光呆滞、神情忧郁的患者,一切对于幼小的福楼拜来说都笼罩着一种压抑、窒息的气氛,这样的生活环境无疑也对他后来的创作风格产生了深刻的影响。医生对待患者时所采取的那种科学、客观、冷静的态度被福楼拜内化进自己的小说创作之中,从而形成了他别具一格的"作家退出作品"的创作风格。

福楼拜曾经说过:"伟大的艺术是科学的和客观的。"① 他极度排斥作家将自己对于人物、事件的态度明显表露于行文中的做法,认为作家

---

① 郑克鲁. 法国文学史[M]. 上海:上海外语教育出版社,2016:579.

本人不应该在作品之中露面,更不应该以一种支配者的身份左右读者对于文本本身的理解和认识,"精神科学必须……像物理学一样,从客观开始进行"①。"在小说中,作为作者的福楼拜并不流露任何的主观感情,只让事实本身说法,以做到客观地反映现实。"②因此,在福楼拜的作品中,我们极少见到他采用大多数作家都会用到的夹叙夹议的写作手法,他习惯于隐没在文字的背后进行故事的讲述,在阅读福楼拜小说的过程中,我们经常会感到一种冷静到淡漠的态度。乔治·桑曾经对福楼拜的这种写作特点进行过严厉的批评,在她看来,这样一种处理文本的态度未免过于冷血,这种文本丝毫不能让读者在作品中感受到来自人性本身的温度,但正是这种客观、科学的态度使得福楼拜成为引领20世纪现代主义诸潮流的先驱。

"超人的客观"这一原则无疑是福楼拜对现实主义创作手法的一种深化,他为19世纪以来盛行的现实主义小说增添了手术刀一般犀利、严谨、不动声色的格调。但值得注意的是,福楼拜所寻求并践行的"客观",

古老经典的门扉

---

① 郑克鲁.法国文学史[M].上海:上海外语教育出版社,2016:579.
② 余中先.法国文学大花园[M].武汉:湖北教育出版社,2007:90.

并非意味着作者只是文字的书写者和形象的传达者,也并非意味着作者不可以将自己的见解体现在作品之中,他主张"通过精神的努力,将自己投射到人物身上,而不是将人物拉向自己一边"①。这种更为深层的态度在福楼拜对素材的选择中可见一斑。福楼拜在搜集素材的过程中,非常注意对现实的研究,他将真实视作一部伟大作品中不可或缺的要素,但这种真实也并非对现实事物进行纯粹照相式的摹写,而是要在理想的引领之下去表现真实,在某种程度上,只有达到理想的标准,作品才具有真实性。因此,为了达到"适合于理想"②的真实,他提出了包括选材、概括以及适当的夸张等在内的具体的写作方法,甚至不惜改动史实。由此我们可以看到,福楼拜之所以标榜真实,其目的正是为了彰显自己的理想,因此在他客观、冷静的面孔背后,实际上正站着另外一位福楼拜,他无时无刻不在关注着读者的一言一行、一举一动。

众所周知,福楼拜在写作《包法利夫人》时曾说:"包法利夫人就是我。"③他在爱玛服毒时感同身受,就像自己也正在吞食砒霜一般。在《萨朗波》的创作中,为了将波澜壮阔的战争场面表现得淋漓尽致,他将自己完全带入当时的情境之中,甚至感到自己身上有三四万人在不停地活动。为了将《一颗纯朴的心》中的一只鹦鹉描写得活灵活现,他把自己想象成全福,在想象中亲身经历女主人公的喜怒哀乐,那只被全福做成标本的鹦鹉,在福楼拜的想象中,也像活起来一样。将想象运用于艺术的创作,这是任何一位文学家都不能忽视的创作手法,福楼拜也深知这一点。不仅如此,为了达到更高意义上的真实和客观,福楼拜甚至内化自己的激动,并将其压缩到小说文本之中:"必须让外界现实进入我们心里,直至使我们呼喊出来,以便再现这现实。"④以细致入微的态

---

① 郑克鲁. 法国文学史 [M]. 上海:上海外语教育出版社,2016:579.
② 郑克鲁. 法国文学史 [M]. 上海:上海外语教育出版社,2016:578.
③ 郑克鲁. 法国文学史 [M]. 上海:上海外语教育出版社,2016:580.
④ 郑克鲁. 法国文学史 [M]. 上海:上海外语教育出版社,2016:580.

度对事物进行精细的观察，在极短的篇幅中准确、精练地进行表达，以使读者感到客观、真实，并透过文字本身在更深的层面上感受作家的态度——这便是福楼拜独具特色的"客观性"的核心意义。法国小说家于斯曼曾将福楼拜称作左拉的自然主义兄弟。

感情助推下的文学巨著

福楼拜一生都没有结过婚，但他的感情经历却并不单调，从15岁遇到初恋开始，一直到他生命的最后一刻，他无时无刻不在品尝着爱情带给他的一切酸甜苦辣。相比之下，福楼拜的感情生活并不像他的写作风格一样淡漠冷静，而是如熊熊燃烧的火焰一般炽热而且长久。

1836年夏天，15岁的福楼拜青春萌动，在特鲁维尔遇到了音乐出版商的妻子艾丽莎·施莱辛格，并对她深深着迷。福楼拜发狂似的爱上了这位有夫之妇，当她去游泳时，福楼拜便尾随其后，亲吻她在沙滩上留下的一行行脚印，越过巉岩抚摸曾被他的心上人逗弄过的爱犬。他常常在深夜来到艾丽莎夫人的窗下，静静地望着窗口中映射出来的温馨的灯光。他也曾与艾丽莎夫人一家出海畅游，在她甜美的歌喉中深深沉醉。这份痴恋曾长久地搅动他年轻热烈的心，即使时隔多年以后，他仍然将其视作尘封于心中的珍宝而万分爱惜。

这种对于爱情的初次尝试诱发了福楼拜的浪漫情愫并自此一发不可收拾，在接下来的一年中，福楼拜连续写下了多篇浪漫主义色彩浓厚的小故事，并为日后写作《包法利夫人》打下了坚实的基础。

1846年，福楼拜认识了他此后爱的时间最长的爱人——路易斯·科莱，两人在当时的雕刻家雅姆·普拉迪埃家中相识。令人捉摸不透的是，当科莱夫人的丈夫去世后，科莱曾对福楼拜提出过正式结婚的要求，却被福楼拜以假使每天都能看见她，那么爱她的热情就会降低为由决然拒绝。于是，在往后的八年中，两人一直保持着两个月见一次面的习惯。每两个月，福楼拜从鲁昂去到巴黎与科莱夫人见面，尽情游玩一天之后便匆匆而归。

这位被他誉为"缪斯女神"的女性,曾在福楼拜的生命中两度出现,在他波澜不惊的生活中为他的创作带来无限的激情和灵感。福楼拜在雅姆家中第一次遇见科莱夫人时,正是在他刚刚经历了父亲、妹妹相继去世的双重打击,以及他的挚友杜刚结婚之后,她的到来无疑像雪中送炭,她以女性的温柔抚慰着福楼拜伤痕累累的心,但截然相反的个性却让这对热烈而疯狂的恋人时时刻刻都在饱受着痛苦和爱欲的折磨。福楼拜大声抱怨科莱,明确表示他不可能放下一切去巴黎陪她生活,而科莱也对福楼拜虽然深爱她却不需要在一起生活这一怪异的态度深感迷惑。这段不被人看好的关系终于在维持了八年之后彻底结束。然而这段刻骨铭心的恋情就像福楼拜曾经向科莱承诺过的那样:"别以为我属于那种欢乐过后便感觉厌恶的人,对那种人来说,爱仅仅作为肉欲存在而已……我的心的堡垒刚筑起就长出了青苔,但是要是这堡垒毁塌则尚需时日,倘若它们终将彻底坍塌的话。"[1]

福楼拜曾在1845年尝试写作《情感教育》,但是没有成功,自此这部书便被搁置了起来,直到24年后的1869年,福楼拜才最终将这部小说写作完毕。《情感教育》的副标题是"一个年轻人的故事",书中的主人公叫作弗雷德利克·莫罗,是一位倾心于艺术的年轻人,喜欢文学、音乐和绘画,他曾深深爱恋一位画商的妻子阿尔努夫人,在费尽九牛二虎之力表白后却遭到拒绝,自此绝望转而投入一位交际花的怀抱。为了进入上流社会,莫罗不惜充当一位贵族夫人的情夫,失望之后回到家乡找寻自己年少时期的恋人路易丝,却正好碰上路易丝与自己的老同学戴洛里举行婚礼。羞愧难当的莫罗返回了巴黎,一天傍晚阿尔努夫人突然来访,并剪下了一缕白发送给莫罗留作纪念。小说的结尾是已经年过半百的莫罗与老同学戴洛里坐在炉火边回忆年少时一次逛妓院的经历,两

---

[1] 巴恩斯. 福楼拜的鹦鹉[M]. 汤永宽, 译. 南京: 译林出版社, 2005: 31.

故居一隅

人同时发出感叹:"这是我们最美好的经历。"

《情感教育》中的主人公莫罗是资产阶级寄生虫的典型代表,他也是一个耽于幻想的人物,缺少冲破藩篱、追求理想中的幸福爱情的果敢和勇气。来到巴黎之后的莫罗在灯红酒绿、声色犬马中浑噩度日,不思进取。脑袋中虽有无限幻想,但毫无实际行动。他受朋友的鼓动萌生了去妓院的念头,在经历了长时间的梳妆打扮之后却因为胆怯而在妓院的门口打了退堂鼓。他迷恋上层社会的贵妇却迟迟不敢表白,只能在幻想中预设各种英雄救美的情景来满足自己的内心渴求。为了维护崇拜的对象,他一怒之下与朋友提出了决斗的要求,却在做出决定之后后悔不已、坐卧不安。二月革命的爆发激起了他做官的欲望,但他接下来的行动却只不过是在报纸上发表了一篇文章便草草了事。莫罗有想法却滞于行动,有觉悟却性格软弱。福楼拜把莫罗的人生经历放在日趋混乱的政治进程中加以展现,在突出描写了这个庸碌无为、消极软弱的典型人物的同时,也展现了他对当时狂飙突进的政治斗争的不满和嘲讽。

书中主人公的爱情生活融入了福楼拜自身的爱情经历,从中也显示出了这位多情而又热烈的文豪对于爱情和婚姻的独特感受和看法。

悲观的灵魂窒息者

"在我的内心深处怀有一种极端的、神秘的、强烈而持续的厌烦,使我无法喜爱任何东西,并窒息了我的灵魂。这种厌烦毫无来由就会再次出现,恰似溺死的狗,尽管它们脖子上系着石头,它们浮肿的尸体还是会浮出水面。"①

"福楼拜虽然不像巴尔扎克那样,是个思想深刻的社会学家,也不像司汤达那样,是个政治上非常敏感的观察家,同时也不像雨果那样,力图成为一个社会的改革家,但是他的小说和书信仍然透露了他对社会问题有一套独特的观点。"②

1848年,福楼拜与友人来到正值二月革命的巴黎,亲眼看到的混乱场景催促着福楼拜动笔开始写作《圣安东的诱惑》。然而一年之后,当福楼拜兴致勃勃地将初稿读给他的朋友们听时,却遭到了毫不留情的批评,他的朋友们甚至建议他将其付之一炬。在接下来的几年时间里,福楼拜与友人环游各国,于1851年经由意大利返回法国。这次旅行让福楼拜的眼界大大开阔,而亲身经历的发生于各国的狂飙突进的政治、军事斗争也在他的心中留下了难以磨灭的印象,这些都为他后来的创作积累了丰富的素材。法国社会在历经了革命的洗礼之后,经济得到了迅猛发展,金融资产阶级凭借革命大势夺取了领导权,高奏起资本主义的凯歌。但这种表面的繁荣之下实际上正暗藏着精神的堕落和侵蚀,对金钱、权势的狂热追逐催生了一大批欲望充盈、精神空虚的平庸者,同时也宣告了以拿破仑为代表的、在政治洪流的风口浪尖叱咤风云的英雄人物的销声匿迹。云谲波诡的政变,风起云涌的局势,这一切都强烈地冲

---

① 巴恩斯. 福楼拜的鹦鹉[M]. 汤永宽, 译. 南京: 译林出版社, 2005: 32.
② 郑克鲁. 法国文学史[M]. 上海: 上海外语教育出版社, 2016: 573.

击着福楼拜的心,他准确地把握住了这一社会深层的转变,却以极端悲观的态度看待这一历史洪流,认为"寻找最好的宗教或最好的政府是愚蠢和疯狂的行动"①。他将社会看作由或卑劣龌龊或平庸无能的宵小所构成的物质实体,其表面翻涌着欲望的洪流,而人类的这种欲望,甚至包括对自由、正义和幸福的渴求,都已经注定了失败的命运。

在自己构筑的文学世界中,福楼拜冷眼旁观,以如椽巨笔塑造了三类典型人物来传达自己对资产阶级社会的不满。其中,以《包法利夫人》中的女主人公爱玛为代表的被侮辱、被伤害的女性无疑是他对这个物欲横流的社会发出的最撕心裂肺的呐喊和嘶吼。福楼拜通过爱玛这一悲剧人物,以小见大,揭露了令人窒息的社会现实。

美丽的爱玛来自农村,父亲为了让她接受上等教育而把她送进了修道院。在修道院里,初涉世事的爱玛被上流社会的奢侈糜烂风气吸引,并养成了爱幻想的习惯,但平庸无聊的丈夫却根本无法激起爱玛内心的任何波澜。迁居永镇之后的爱玛认识了情场老手罗道尔夫并被他精巧甜蜜的谎言捕获,成了他的情妇。在罗道尔夫因钱财问题抛弃爱玛之后,爱玛又偶遇了年少时的爱慕者赖昂并很快投入赖昂的怀抱。爱情的虚荣让爱玛不惜以高利贷的形式借钱挥霍,最终被逼得走投无路而服毒自杀。爱玛的悲剧结局固然有自身放纵情欲的原因,但从问题的深层次来透视,更多的则是整个社会中享乐欲望的滋生和恶浊风气的蔓延所造成的,资产阶级社会中下层平庸的生活无疑在爱玛对玫瑰色的理想爱情的渴望中起到了催化剂的作用,并最终将爱玛推向无底深渊。

庸俗、无聊的社会现实不仅仅只对碌碌无为的懦弱者产生影响,社会暗流中翻涌的卑污同时也滋养了大批卑鄙、丑恶的人物,在《包法利夫人》中,福楼拜对这些人物有着精细、犀利的刻画。而在福楼拜笔下的卑劣人物群像中,最典型的人物莫过于造成爱玛悲剧的始作俑者罗

---

① 郑克鲁. 法国文学史[M]. 上海:上海外语教育出版社,2016:573.

道尔夫。地主罗道尔夫是个游戏于巴黎和乡间寻花问柳的浪荡子,他凭借着英俊的外表和机敏的谈吐在第一次与爱玛见面时便捕获了她的芳心。但罗道尔夫对爱玛只是抱着一种玩乐的态度,本着占尽便宜便全身而退的原则,他断然拒绝了爱玛追随于他的请求,并在留下了一封洒水代泪的信件之后不辞而别,正是他给爱玛的爱情幻想对爱玛造成了深重的精神打击。

故居楼梯

福楼拜曾在《包法利夫人》一书出版后坦言:"毫无疑问,此时此刻,我可怜的包法利夫人正在法国的20个村庄里——同在受苦,在哭泣。"① 爱玛无疑是福楼拜所塑造的一位追求自己心目中美好爱情的典型,但这样一个本该获得美好结局的人物却在卑劣丑陋的现实中以服毒自杀的悲剧结束了自己的生命。鲁迅先生曾经说过,悲剧是把人生有价值的东西毁灭给人看。爱玛的这一悲剧正是福楼拜对资本主义社会的无情控诉,同时也是福楼拜人生态度的深层反映——他从来不以温情脉脉的态度看待这个世界,他将生活的本质视作悲剧,因此这种生活给予人类的必然也是一种无休无止的冷漠、痛苦和悲观。但是悲剧之所以具有其不可替代的价值和意义,正是因为它以自身的毁灭来唤起人们对于美的珍视和渴求。因此,福楼

---

① 郑克鲁. 法国文学史[M]. 上海:上海外语教育出版社,2016:572.

拜在透视生命脆弱的本质之后依然用不动声色的笔墨为我们传递着生命的美好——不是锣鼓喧天的传教士式的宣扬,不是刻板固执的教条式的说教,而是像萤火虫一般,用尽自己全部的能量和温度,在黑夜里悄悄燃起微光,在不期而遇中给人们带来温暖和希望:"你曾想在我内心发现有一团火,它能把一切都烧光使之光辉照耀,这火放出一道欢快的光芒,把潮湿的护壁板烘干,使空气有益于健康,重新燃起生命之光。唉!我不过是一盏为病人通宵照明的夜灯,它那红色的灯芯在劣质的尽是水和灰尘的油钵中噼啪作响。"①

追求美的文学蜥蜴

"我不过是一条文学蜥蜴,在美的伟大的阳光下取暖度日,仅此而已。"②

在文学的世界中表现美,在现实的缺憾里用美的形象弥补生活的苦痛,给予人们存在的勇气与力量。"艺术的目的,首先是美。"③福楼拜正是艺术美的崇拜者和孜孜不倦的追求者。

经历革命回国后的福楼拜采纳了朋友布耶和杜刚的建议,开始尝试平民题材的写作,于1851年9月19日动笔创作《包法利夫人》。五年后,这部小说终于在《巴黎杂志》上与世人见面。小说一出版便引起了轩然大波,福楼拜在名声大噪的同时也收到了来自法院的一纸诉讼,以有伤风化、侮辱宗教和公众道德的罪名被起诉。审判的结果虽然是无罪释放,但这次经历确实给福楼拜造成了沉重的打击,他甚至向他的好朋友杜刚抱怨说,如果他能在证券交易所碰上一次好运气,就会不计任何代价把已发行的所有《包法利夫人》买下来付之一炬。

---

① 巴恩斯. 福楼拜的鹦鹉[M]. 汤永宽,译. 南京:译林出版社,2005:33.
② 巴恩斯. 福楼拜的鹦鹉[M]. 汤永宽,译. 南京:译林出版社,2005:31.
③ 郑克鲁. 法国文学史[M]. 上海:上海外语教育出版社,2016:580.

泄气后的福楼拜在失望之余离开了光怪陆离的巴黎,来到了他向往已久的神秘的东方,在1849年至1851年间与朋友杜刚先后到过开罗、亚历山大、大马士革、贝鲁特等地。富有独特气息的东方深深地吸引着这位对美的追求者,时时在他心中泛起渴望创作的波浪。在这种难以拒绝的召唤之下,他暂时搁置了现代题材的创作而转战古代题材。1857年他开始动手写作反映迦太基战争的《萨朗波》,并于1862年完成。这部小说大获成功之后被改写成歌剧,在当时引起轰动。

《萨朗波》是一部历史小说,取材于公元前3世纪罗马和迦太基之间的战争。小说共分为15章,开篇便是充满了野性气息的庆典,迦太基的元老为安抚雇佣军的情绪在宫殿举办宴会,士兵们为发泄不满肆意妄为,迦太基的首领汉密迦的女儿萨朗波出面平息混乱,被雇佣军领袖马多看中,而萨朗波也对马多产生了好感。受尽压迫的雇佣军在忍无可忍之时发动起义,马多偷走了象征迦太基人精神寄托的圣衣,并来到萨朗波的寝室向其倾吐爱意,不想却意外遭到拒绝。后来马多领导的起义军战败,全军覆没,马多也被俘虏。在萨朗波与他人结婚的婚礼上,浑身是血的马多被押送到举行婚礼的高台下,他深情地望着萨朗波,随后神情颓然地惨死在高台下,而萨朗波在同马多对视后,也如遭雷击一般倒地而死。

"浪漫主义者不满意于空洞的缅怀,进而从更深的认识,运用史料来创造,于是这一段想象的热情的因缘,引出历史自身的功绩。"[①]甚至连雨果也对这部小说评价甚高。福楼拜在书中一反历史的常态,将怜悯与同情全数献给了以马多为首的起义军,他认为雇佣军的起义完全是合情合理的,他们只不过是忍受不了迦太基人对他们非人的奴役才选择了这条道路。在《萨朗波》中,福楼拜对迦太基的上层贵族作了深刻的揭露和辛辣的嘲讽,一针见血地指出了宗教的伪善和残忍,无情地向世人

[①] 李健吾. 福楼拜评传[M]. 长沙:湖南人民出版社,1980:120-121.

宣告了教士虚伪狡诈的本质。而美丽的化身——萨朗波，是福楼拜所苦苦追寻的独特的东方神秘而绚丽的美的代表，而她的死亡又是一首缠绵悱恻的关于美的悲剧的挽歌。

1872年，福楼拜的母亲去世，这位曾被福楼拜形容为将其生命紧紧"联结在一起，只要那一个生命存在，就永将如此"①的老人的逝世无疑在生活和精神上都给福楼拜带来了难以承受的重重一击："一片在风中飘舞的海藻，只有一根强劲的线把我拴在岩石上。假如线断了，这株可怜而无用的植物将向何处飞逸？"②1874年，经历三次改写的《圣安东的诱惑》终于出版。同年，福楼拜开始创作他生命中的最后一部小说《布瓦尔与佩居谢》，遗憾的是，这部小说在福楼拜的有生之年并未完稿。身体欠佳的福楼拜在此时已经对自己即将不久于人世有所预感，但他依然想燃尽自己的生命来完成这部著作。

故居雕像

《布瓦尔与佩居谢》中的主人公是两个誊写员（布瓦尔和佩居谢），两人情同手足，后来布瓦尔得到了一大笔遗产，于是两人便辞去了誊写员的工作来到诺曼底买了一处田庄。不甘寂寞的两人先后研究了各种学问和技艺，却因为种种原因连遭失败，一无所成。经过这一切幻灭之后的两人感到人生索然无味，于是重返过去，继续开始毫无意义的誊写生

---

① 巴恩斯. 福楼拜的鹦鹉[M]. 汤永宽，译. 南京：译林出版社，2005：30.
② 巴恩斯. 福楼拜的鹦鹉[M]. 汤永宽，译. 南京：译林出版社，2005：30.

活。在《布瓦尔与佩居谢》中，我们可以明显地感受到晚年的福楼拜对资本主义乃至整个人类社会的怀疑与绝望情绪。

有评论家曾将福楼拜称作"文字的基督"，事实上也的确如此，福楼拜对自身文字表达的要求几乎到了严苛的程度。在《包法利夫人》中，为了写出资产阶级统治下经济繁荣背后的精神空洞，他将"农业展览会"一章前后改写了7次。这部小说的写作时间长达4年零4个月，在此期间，福楼拜每天工作12个小时，单是正反面的草稿就写了1800页，但最后定稿的却只有500页。我们现在所见到的描写迦太基战争的《萨朗波》一书中的众多章节都是福楼拜重写十多次之后的成果。福楼拜从不吝惜写作的时间，他甚至不惜把自己呕心沥血写就的稿子整章整页地删去。也正是因为这种一丝不苟的态度，福楼拜的著作并不是很多，他一生发表的小说只有五部——《包法利夫人》《萨朗波》《情感教育》《圣安东的诱惑》《三故事》，还有一部未完成的《布瓦尔和佩居谢》，但每一部著作的完成都要花费四五年的时间。曾经有一种说法，福楼拜曾要求他的学生莫泊桑说出"只用一句话就让人知道马车站上的一匹马和他前后左右的五十来匹马有什么不一样"[①]。在《包法利夫人》中，爱玛曾在内心抱怨她的丈夫查理丝毫不能体察她的感受，福楼拜写道："不过假使查理愿意的话，诧异的话、看穿她的心思的话，哪怕一次也罢，她觉得，她的心头就会立即涌出滔滔不绝的话来，好比手一碰墙边果树，熟透了的果子纷纷下坠一样。"[②]把爱玛倾诉的言语比喻为熟落的果子，形象又贴切地传达出爱玛的内心对于聆听和倾诉的强烈渴望，同时福楼拜也借这一比喻为后来爱玛出轨与罗道尔夫偷情的情节做好了铺垫。

除了在语言上的严苛、精细之外，福楼拜对美的追求还体现在细节描写上。他极其善于在日常生活的细小事件中透视现象的本质，进而挖

---

① 余中先. 法国文学大花园[M]. 武汉：湖北教育出版社，2007：87.
② 余中先. 法国文学大花园[M]. 武汉：湖北教育出版社，2007：88.

掘事物的内涵，从而展现生活的悲剧。在《包法利夫人》的结尾部分，福楼拜写爱玛在昏迷中听到一个盲人的歌唱，并发出了"瞎子！"的叫喊，这不仅是当时正在发生的场景的再现，更是爱玛本人对于自己所走过的短短人生历程的反思和感悟——盲人歌手瞎的只是眼睛，但爱玛却是一直在盲目地追求、盲目地行动，她一直迷失在虚伪的情意、腐化的空气和金钱的诱惑中，正是这让人毛骨悚然的一声呐喊，道出了爱玛临死前对于整个世界和自己的认识与醒悟。福楼拜以这看似漫不经心的一句话，用这短短的几个字与给读者留下了无限的遐想空间。爱玛死了，她的死引发了众人无限的怜悯和惋惜，大家都在回忆爱玛生前带给众人的善良和欢乐，但正是这一群人亲手将爱玛推向了无底深渊，最终导致了爱玛的死亡。福楼拜正是通过爱玛这一"理想化身"的陨落表现生活的悲剧性。

在福楼拜笔下，美的存在比比皆是，他以一种近乎苛刻的态度来处理笔尖流淌的每一个字，无论是在语言的表达上，还是在细节的描写中，我们始终可以真切地感受到福楼拜对美的欣赏、对美的执着追求。

法国文学史上的明星

在 19 世纪的法国文学史上，福楼拜无疑是一颗耀眼的巨星，法国后期象征主义诗坛的领袖古尔蒙曾将福楼拜称作法国 19 世纪最伟大的作家。他不仅以其自身的成就彰显着现实主义文学所能达到的更高水准，而且培养了像莫泊桑这样在文学史上同样永垂不朽的大文豪。

在 19 世纪中期的法国，当现实主义文学潮流中所蕴含的社会批判精神逐渐削弱时，正是福楼拜为其注入了新鲜的血液与生机。自 19 世纪 50 年代起，法国的现实主义文学便开始强调科学精神，进而表现出一种客观冷峻的风格。福楼拜作为法国文学史上承前启后的大文豪，他一方面继承了 19 世纪前期现实主义的传统，另一方面又开启了 19 世纪后期新一代的现实主义风格，成为法国现实主义文学的分水岭。而这其中的关键，正是福楼拜别具一格的客观冷峻的叙述风格，要求作家隐身

宽阔的大街

于文本之后，不给读者任何的暗示。著名学者蒋承勇曾说："他是通过冷峻的叙述去追求无我之境，从而达到客观地呈现自然的目的。他的小说通常都从人物的视角叙述故事和描写事件，在对世事的洞察能力和观察视野方面，叙述者与小说中的人物是平起平坐的，而且，作者对人物和事件从不做任何抛头露面的直接评议，一切都按生活本来的样子'如眼所见'地呈示出来。"[1]这样的一种客观冷静的叙述风格已经显示出了福楼拜不同于以往现实主义文学的特质，而具有了现代主义文学的气息，进而在20世纪成了后世作家争相效仿的叙述风格。福楼拜的每一部作品都像一座储备丰厚的宝库，蕴含着无限的精神宝藏，时时刻刻在闪烁着璀璨的光芒。他将内容和形式看作成就一部完美的艺术作品所不可或缺的两个方面，他认为"思想越是美好，词句就越是铿锵，思想的准确会造成语言的准确"[2]。在福楼拜所生活的时代，人们大多只会关注作品

---

[1] 蒋承勇. 十九世纪现代主义文学的现代阐释[M]. 北京：中国社会科学出版社，2010：186.
[2] 郑克鲁. 法国文学史[M]. 上海：上海外语教育出版社，2016：580.

对于现实的描写的真实性和准确性，在现实主义盛行的风潮中，福楼拜的这一文学思想无疑是准确而超前的。

纵观福楼拜的一生，就其人生经历而言，并没有太多曲折离奇的传奇际遇，但当我们深入地体察他的内心世界时，却不由得叹服其精神上的饱满与丰富——他是"卑微而耐心的采珠人"，倾尽毕生的心血采撷文学深海中的片片贝壳，拂去名利的尘烟，独尝孤寂与落寞，构筑精彩纷呈的人间万象。他是"悲观的灵魂窒息者"，怀着对人类未来的怀疑与迷惑，透视物欲横流的社会表象，冷眼旁观，以尖利、刺骨的笔锋勾勒卑劣，摹写平庸，从一个个小人物身上嘲讽整个现实表层下的丑恶。他对世界的前途充满悲观的态度，却依然以悲剧的形式衬托美好，用庸俗、丑陋来反衬纯洁、善良的可贵与伟大，在暗夜中为苦苦找寻前进方向的寻梦者点燃萤火之光。他是"在美的阳光下沐浴的文学蜥蜴"，以近乎严苛的态度要求自己，在细节的展露中传达生活的本质，孜孜不倦地追寻缪斯的召唤。他的一生仅有五部小说发表，但他的精神和追求却在这五部小说中展现得淋漓尽致。他是"自我隐没的巨人"，始终以科学、客观的态度书写真实，就像用一把手术刀冷静剖析着社会表象，揭示出生活本质，并将自己对于生命和人类命运的认识寄予笔下的文字，让每一位读者都能感受来自文本深层的震撼力。

建筑的遗存是岁月风烟的凝结，我们在其中追寻的不仅仅是遗迹的沧桑，更是建筑背后所蕴含的炽热的温度、熠熠的光辉。唯有经历岁月的大浪淘沙之后依然屹立不倒的人物，才有永远存在的价值。在历史的每一个时代中，伟人的存在就像一个个精神的标杆，引领着后人不断探寻前代的足迹，呼应昔日的召唤。在历史的洪流中，我们都如福楼拜所说，是"卑微而耐心的采珠人"，撷取诸多光华来装饰自己精神的小屋，充实自己朴素的内心，并将这些历久弥新、宝贵的精神一代一代地传承下去。

（撰稿：刘馨诏）

参考文献

巴恩斯. 福楼拜的鹦鹉 [M]. 汤永宽，译. 南京：译林出版社，2005.

范水平. 李健吾与福楼拜和自然主义 [J]. 现代中国文化与文学，2011.

李健吾. 福楼拜评传 [M]. 长沙：湖南人民出版社，1980.

孟宪义. 福楼拜 [M]. 沈阳：辽宁人民出版社，1983.

王钦峰. 福楼拜与现代思想 [M]. 银川：宁夏人民出版社，2006.

余中先. 法国文学大花园 [M]. 武汉：湖北教育出版社，2007.

郑克鲁. 法国文学史 [M]. 上海：上海外语教育出版社，2016.

裴多菲

每年都有很多游客涌向科斯克罗市这座位于匈牙利南部的小城，因为这里诞生了一位伟大的诗人、爱国者裴多菲·山陀尔。科斯克罗市是裴多菲的出生地，诗人在此生活了两年，之后因为求学离开了这座城市，但这座城市一直留在他的记忆深处。诗人后来在《我的故乡》中写道："在这美丽的平原上 \ 有我的可爱的故乡 \ 这城市是我的生长之地 \ 我保姆的歌还在荡漾 \ 我又听到那儿歌的声浪 \ '金龟子，黄黄的金龟子'！"[①]可见，裴多菲在科斯克罗市的童年生活是愉快充实的，这种愉快也伴随了裴多菲的一生。

通往裴多菲故居的柏油大道两旁绿荫匝地，目光所及的前方便是裴多菲的故居。裴多菲居住的小楼是典型的哥特式风格建筑，但又中和了科斯克罗市当地的建筑风格，削减了哥特式的阴郁素冷，整体显得素朴大方。除穹顶处用深色调的藏青，故居整体选

---

① 兴万生. 裴多菲评传[M]. 上海：上海文艺出版社，1982：7.

裴多菲故居（匈牙利科斯克罗）

取白色为主调，这种洁白在两侧的新绿和蔚蓝色的天空映衬下，显得静穆且有神圣感。我们进入室内，身处这一方窄小的卧室，会发现裴多菲的室内陈设简单异常：一床一柜一桌两椅摆放其中，四柄木勺与两把生锈残缺的铁漏斗悬挂在墙上。墙边的橱窗内陈列着裴多菲的诗集，其中一本诗集的封面上印着火焰的图案，火焰似在熠熠跳动，仿佛与诗歌生命的脉搏相呼应。

　　裴多菲·山陀尔是匈牙利著名爱国诗人，投笔从戎，在战争中写下了大量的政治诗。这些诗歌在战争年代极大地鼓舞了匈牙利人民，使他们勇于反抗，为争取民族独立呐喊拼搏。他投身于战争，舍生忘死，跟随一线部队作战，最终将自己年轻的生命奉献给了祖国。在裴多菲的诗集中，除了政治抒情诗歌以外还有大量的爱情诗，被中国读者熟知并广为流传的是《自由与爱情》："生命诚可贵，爱情价更高。若为自由故，二者皆可抛！"① 他的诗感性与理性交织，热烈与缠绵结合。鲁迅曾精辟地指出，裴多菲是一个可以"为爱而歌，为国而死"②的民族诗人，其诗歌的最大特色是"纵言自由，诞放激烈"③，评价切中肯綮、一语中的。今天重提裴多菲，不仅是因为他为人民争取自由、英勇献身的伟大精神，更是因为他教会我们，生而为人，应如何去爱、去充满希望地生活。

流浪旅徒

1823年1月1日，裴多菲·山陀尔诞生在吉什·克罗什村。父亲彼得洛维奇·伊斯特万是一个农村的屠夫；母亲赫鲁兹·玛利亚出身于一个农奴家庭，出嫁前做过洗衣妇和女仆，家境十分贫寒。裴多菲的父亲脾气暴躁，对孩子教育十分严格。在裴多菲6岁的时候，父亲把他送进学校，但裴多菲在每所学校的学习时间都不超过两年，因为父亲想要让他接受最好的教育，为给儿子寻找一所最好的学校，总是用心良苦地把儿子从一个地方送到另一个地方。对于父亲的命令，小裴多菲一直不敢违抗，但这不代表着他没有自己的想法，小裴多菲其实是一个非常执着、坚持自我的人。他的一个同学曾经谈道："他机警灵活，善于跑跳，喜欢跟大孩子们来往，他什么都敢干，尤其是当别人对他的胆量表示怀疑的时候更是如此。有一年，刚开春，河里的冰已经很薄了，高年级学生想找一块可以滑冰的地方。山陀尔领了一群低年级学生跟在大孩子的后面，可是他们到了河边，大孩子们只让能跳过河去的人继续往前走。小河相当宽，小孩子是跳不过去的，但是山陀尔不服气，他助跑了几步，纵身一跳，可是只跳到河心，把河面上的冰压塌了，他好不容易才爬到

---

① 裴多菲. 裴多菲诗选[M]. 孙用，译. 北京：人民文学出版社，1979：46.
② 鲁迅. 鲁迅全集[M]. 北京：人民出版社，2012：358.
③ 鲁迅. 鲁迅全集[M]. 北京：人民出版社，2012：400.

岸上,但他坚持不回去,穿着湿衣服跟大孩子们在一起待了一天。"①还有一次,裴多菲和一群孩子到地里去,突然有一头公牛向他们直冲过来,孩子们吓得四处逃窜,只有裴多菲原地不动。当公牛冲到他面前的时候,他挥起棍子猛击它的前腿,这个庞然大物扑通一声跌倒了。"屠夫们就是这样干的。"裴多菲说。②可以看出,裴多菲性格里充满了刚强。

在裴多菲的少年时代,除了学习,还有一件事让他产生了浓厚的兴趣,这件事便是演戏。1833年至1834年在布达佩斯中学读书期间,他甚至有一次想要通过老师开证明的方式离校,转而去参加剧团,这件事被父亲知道了,他被狠狠"教育"了一顿。这段经历被他写进了《旅行札记》:"我的老师(愿上帝保佑他)认为有必要把我的远大的计划告诉给一位秉性出奇、对演戏极端仇视的男子。这人就是我的父亲。他是一个墨守成规的严父,当得知这个可怕的消息之后,便立刻赶来拯救陷入邪恶漩涡的儿子。"③1835年至1838年在奥德赛城的中学读书期间,当演员的念头再度出现在裴多菲的脑海里,又由于父亲棍棒式的教育,裴多菲仍未能如愿以偿。也是在这一时期,裴多菲开始写作,他的处女作是《告别》。《告别》是一首讽刺诗,继承了匈牙利古典诗歌的传统,语言通俗易懂,初步显示出了其诗歌语言大众化的特点。《告别》也是裴多菲人生的第一首寓言诗,从告别父母远离家乡开始,他就一直行走在自我流浪的路上。虽然当裴多菲对父亲发出自己的声音时未被父亲认可,但命运女神指引的流浪旅途已经悄然开始,萌生跟剧团一起流浪的念头就是一个肇端。

1839年,由于父亲破产,裴多菲离开学校,在萨普隆的步兵营当兵,军旅生活十分艰苦。在这段时间里,裴多菲继续学习诗歌并开始有了自己创作诗歌的想法,他彻底抛弃了流行诗歌中那种华而不实的诗风,转

---

① 兴万生. 裴多菲评传[M]. 上海:上海文艺出版社,1982:12.
② 兴万生. 裴多菲评传[M]. 上海:上海文艺出版社,1982:13.
③ 裴多菲. 裴多菲文集[M]. 兴万生,译. 上海:上海译文出版社,1996:243.

故居大门

而寻求自己的诗歌风格,诗歌内容也逐渐转向描述底层群众的苦难生活。同时,军队中的士兵大都是穷苦人家的孩子,裴多菲对他们产生了深厚的感情,在后来的诗中,他这样写道:

亲爱的妈妈给我来了一封信:
"好孩子,回家吧!我日思夜想。"
"唉,妈妈呀,我早就想回家。"
在这里也许会把命丧。

透过那黑夜茫茫,我看到
练兵场和拐角处的哨岗。
上帝啊,上帝,何处是故乡?
妈妈啊,不知你如今在何方?[1]

部队艰苦的生活条件和过于严酷的操练,严重损害了士兵们的身心

---

[1] 安道尔.裴多菲[M].史瑞祥,译.郑州:黄河文艺出版社,1985:37.

神采飞扬的小窗

健康,甚至有些人因受不了这种痛苦而过早地结束了自己的生命,裴多菲虽然没有选择自杀,但他的身体健康同样受到了严重的损害,并曾一度挣扎在死亡边缘。在这种情况下,一名好心的士兵劝他退役,而他的退役申请幸运地得到了上级的批准。

离开军队后,裴多菲加入了流浪剧团,开始了长达两年的漂泊生活。在流浪剧团里,裴多菲开始搜集民歌,借鉴民歌形式进行诗歌创作。在19世纪初的匈牙利诗坛上,当时流行着拉丁语诗的风潮,格律繁严、语言晦涩,与劳动人民隔绝。裴多菲希望通过搜集民歌,突破拉丁语作诗的限制,采用民族语言,在诗歌创作上探索出一条新的道路。他认为民歌是劳动人民的创作,内蕴真切的感情,但是民歌必须加以提炼,才能成为真正的艺术珍品。裴多菲尝试的结果,证明他所走的道路是正确的。在这种创作思想指导下,他陆续写下50多首民歌体诗歌。后期在战场上完成的战歌,同样保留着他前期民歌体诗歌创作的风格。

裴多菲在跟随剧团流浪期间,会在剧团演出的淡季离开剧团独自流浪,足迹几乎遍及全国。裴多菲对匈牙利人民的生活有了更深刻的了解,而这些是从书本中无法获取的。命运没有让裴多菲成为一名世界知名的演员,但他所经历的,却比演员的生活更加丰富,也更加富有戏剧性,这笔人生财富让裴多菲受益终生。在两年的流浪生活中,裴多菲不但没有放弃阅读，反而涉猎更加广泛。他特别喜欢诗人海涅和列瑞·尼古劳斯的作品，匈牙利诗人乔科纳伊、格瓦达尼和魏勒斯马尔蒂的诗歌他也都能背诵下来。裴多菲每写一首诗都要反复推敲，他把不满意的作品底稿撕成碎片，然后默写出来重新修改，之后又撕碎又修改，他的无数诗歌都是这样锤炼而成的。他把几首诗寄给了《雅典论坛》，这是当时最有影响的一家文学刊物。1842年5月，裴多菲的诗歌《酒徒》发表了，这是他公开发表的第一首诗，署名是彼得罗维奇·山陀尔。《酒徒》语言热烈奔放，通俗易懂，借对酒的歌颂，表达出了诗人对宿命压迫的反抗与不屈的意志。

扬名诗坛

裴多菲的诗歌不仅在匈牙利影响巨大，在世界范围内也广为流传，被许多作家欣赏并译介到自己的祖国。知名的捷克民主主义诗人杨·聂鲁达将裴多菲的许多诗文翻译成捷克文，并在自己的手稿中写下："我认为裴多菲的作品进入我国的文学是一件大事。我不知道，在世界文坛还有哪一位诗人比裴多菲更使我感到可亲可爱。裴多菲不是一位古典诗人，绝对不是！他只是裴多菲，是爱情、爱国主义和自由的最热情的歌手。……裴多菲是连接匈牙利文学和世界文学的钻石扣环。热情美好的匈牙利民族再没有比他更伟大的儿子了。对匈牙利民族来说，再没有比裴多菲诞生的那一天更为幸福的日子了。……如果我们对这个民族一无所知，而只知道裴多菲的诗，那么我们通过这些诗篇就可以触到这个民族的最细小的神经。……我该如何来介绍裴多菲的诗呢？……我暂时还只能说一点：如果想欣赏优秀的抒情诗，那就请读裴多菲的作品；如果想欣赏赞美祖国的颂歌，那就请读裴多菲的作品；如果想欣赏快乐的歌谣和爱情诗歌,也请读裴多菲的作品。"① 我国的伟大作家鲁迅先生不仅了解裴多菲,喜爱裴多菲,而且将裴多菲的许多作品介绍到中国,他曾写下:"那两本书,原是极平常的,一本散文,一本诗集……不过在我是一种宝贝……后来大抵带在身边。"② 在那时的中国,鲁迅先生将裴多菲的诗歌作品作为自己的精神依托,可以看出裴多菲诗歌作品的巨大感染力和抚慰人心的感召力。

裴多菲之所以能取得如此辉煌的成就绝非仅靠一日之功,这与裴多菲的刻苦努力有着密切的关系。裴多菲喜欢阅读,通过广泛的阅读积累了丰富的知识经验,这是他诗歌写作得以成功的一个重要因素。在学校时,小裴多菲就喜欢阅读各种文学作品。在布达佩斯学习期间,小裴多菲厌烦校方的拉丁语课程和神学课程,但是他对匈牙利古典作家,例如巴拉塞·巴林特、兹里尼·米克洛什、秋柯诺依·维德兹·米哈依、包恰尼·雅诺什等人的作品十分欣赏,特别是魏勒斯马尔蒂·米哈依的作品使裴多菲赞叹不已。他日夜攻读文学作品,其中包括拜伦、雪莱、海涅和贝朗瑞等作家的诗歌。到12岁,父亲把他送往奥德赛中学,他又进一步阅读匈牙利古典作家的作品,研究法国大革命的历史,并组织起进步的学生团体。在家道中落的时候,裴多菲前往萨普隆步兵营当兵,军队的艰苦生活也没有让他放下手中的书卷。第一部裴多菲传记的作者费伦茨·佐尔坦曾经写道:"有多少次,这个可怜的小兵在肖普朗邮局附近站岗!他冒着刺骨的寒风在那座狭窄的木桥上一连两小时来回不停地跑着,或者钻进岗亭躲一躲呼啸的寒风。一位穷律师看到这瘦弱的身影,打听是谁,在干什么,觉得他很可怜……尤其是看到他聚精会神地阅读贺拉斯的作品的样子,一股怜悯之情油然而生。"③ 可以说,困苦伴随了裴多菲一生,但对于知识的追求也伴随了他的一生,无论条件如何

---

① 安道尔. 裴多菲[M]. 史瑞祥,译. 郑州:黄河文艺出版社,1985:407-408.
② 鲁迅. 南腔北调集[M]. 北京:人民文学出版社,1980:364.
③ 安道尔. 裴多菲[M]. 史瑞祥,译. 郑州:黄河文艺出版社,1985:34.

恶劣,裴多菲始终没有放弃文学。

1843年,裴多菲正式进军诗坛。1月,他前往佩斯,与著名诗人魏勒斯马尔蒂·米哈依和鲍依卓·尤若夫结识,并在魏勒斯马尔蒂·米哈依的资助下出版了自己的第一本诗集。意想不到的是,这本诗集一经出版就受到了匈牙利读者,特别是进步青年的广泛好评,裴多菲的才华得到初步的认可。青年们喜爱裴多菲的诗歌,是因为其诗句生动、优美、清新,而又十分真挚。一些进步的批评家也一致认为裴多菲的诗歌新颖、独特,有风俗画情调和真正的民歌特色。裴多菲在汲取了先驱者的语言成果和生机勃勃的大众语言的有益成果的基础上,创立了新的匈牙利民族诗歌风格,而守旧派对裴多菲诗歌创作的这一民主主义原则深恶痛绝,他们把它称之为"卑贱"。

此时,匈牙利的诗歌历史注定要由裴多菲引领,在裴多菲之前,魏勒斯马尔蒂·米哈依为创立新的诗歌风格所做出的贡献最大,此时,裴多菲从他的手中接过了接力棒。荣誉与诋毁并存,鲜花与嗡蝇同在。在匈牙利文坛上,顽固守旧的批评家们把矛头转向了这位年轻的诗人,集中火力对其进行诋毁与攻击,但在漫天的漫骂与诅咒背后,也同时暴露了他们喉咙的嘶哑与无力,反而促使裴多菲的名气得到进一步扩大。

从1844年开始,裴多菲的创作进入了一个喷发期:1844年10月27日,裴多菲的讽刺诗《农村的大锤》发表;11月10日,诗集《1842—1844年诗集》出版。1845年3月6日,《雅诺什勇士》出版;3月20日,《爱

不朽人生

故居内景

德尔卡坟上的柏叶集》出版；10月20日,《爱情的珍珠》出版；11月10日,《诗集》出版……裴多菲的诗歌才华源源不断地汇聚笔端,如泉水泻地,涓涓成溪。裴多菲的诗歌赢得了匈牙利人民的一致拥戴,声名远扬。事实证明,历史的脚步无法阻挡,华而不实、因循守旧的昔日文风被人弃如敝屣,情感的真挚表达与率直的抒情手法被匈牙利的进步青年纷纷效仿,"卑贱"的反而成为高尚的,无论反动派们如何叫嚣围攻,匈牙利的诗坛注定要变天了。

随着裴多菲的诗歌创作越来越多,他的诗学观念也逐渐成形。1847年2月23日,裴多菲给诗人阿兰尼的信中写道:"你在信里问我,用人民的精神和人民的语言创作庄严的史诗,会不会弄成非驴非马?我想不会的。如果你尽快地动笔,你一定会写得很好的。但不要选择国王当主人公,甚至连玛佳什也不要挑选。他也是一个国王,要知道,黑狗白狗都是狗。假如我们不能自由地向人民传播自由的思想,那么,至少不应该把奴役的景象摆在人民的眼前,尤其是那些用诱人的愉快色彩描绘成的奴役景象。"①裴多菲在信中明确表达了他的诗歌创作观念：为人民写作。

1847年，裴多菲正处于诗歌创作的鼎盛期，但他考虑最多的却是关于创立新美学的问题和关于匈牙利诗歌创作的新原则。在稍后同样给阿兰尼的一封信中，他言简意赅地提出了他那著名的美学观点："凡是真实的东西都是自然的，凡是自然的东西必定是好的，因而也是美的——这就是我的审美观。"②阿兰尼在同裴多菲的交往中受益匪浅，其著名的现实主义长诗《多尔第》就是在裴多菲《雅诺什勇士》的直接影响下写成的，这首诗所选择的格律也和裴多菲《雅诺什勇士》的格律相同。

至于诗歌的创作方法，诗坛前辈们写诗主要采用长短格和"纯韵脚"。裴多菲则从民歌中领悟到了匈牙利诗歌的韵律和韵脚的真正内涵，他在自己的诗歌创作中大胆采用音节格律和元音韵，这在他那著名的《诗歌全集·序》中得到体现。裴多菲在驳斥批评家们对他诗歌的韵律和格律的攻击时，这样写道："这些先生对匈牙利诗歌的韵律和格律一窍不通。他们在匈牙利诗歌里寻找拉丁诗的韵律和德国诗的结句法，这在我的诗歌里是没有的，这是事实！我也不希望它们有……他们指责我极端轻视韵律和格律，可是也许正是在这些地方我最接近完美以及真正的匈牙利诗歌形式。"③当时的匈牙利诗歌有着贵族化的审美观念，学习拉丁诗的韵律和德国诗的"结句法"④，对格律与韵律的严格仿照更使匈牙利诗歌故步自封并日趋僵硬化，已经完全失去诗歌的活力与力量。在这种诗坛背景下，裴多菲大胆改革，学习民歌的音节格律使自己的新诗体变得自由，描写对象也由贵族转向平民，在诗坛上刮起了一股清新之风。可以说，裴多菲革了当时匈牙利诗歌的贵族化审美观念的命。在匈牙利农民

---

① 兴万生. 裴多菲[M]. 辽宁：辽宁人民出版社，1984：25.
② 兴万生. 裴多菲[M]. 辽宁：辽宁人民出版社，1984：48.
③ 兴万生. 裴多菲[M]. 辽宁：辽宁人民出版社，1984：49.
④ 诗歌的一种创作方法。

起义此起彼伏的时代大背景下,裴多菲被进步青年和群众拥护不是没有道理的。而在摆脱对拉丁诗与德国诗的仿效之后,具有匈牙利民族风格和特色的诗歌才逐渐确立起其应有的主体地位。这是裴多菲对于民族诗歌的贡献,他是匈牙利真正的民族诗人。

值得注意的是,在 1845 年 7 月,裴多菲应剧作家艾格莱西·戈包尔的邀请,完成了他的第一部剧本《泽尔德·马尔齐》,但由于这个剧本被一些人认为不适合剧场演出,剧本没有被民族剧院委员会通过。裴多菲一气之下将手稿焚毁。匈牙利的进步作家和评论家们一直为诗人的这一"愤怒"和"激动"所造成的无法弥补的损失而感到惋惜。

爱之咏叹

在裴多菲的诗歌中,诗人对爱的歌咏从一而终。这种爱有两性之爱,也有民族大爱;有亲朋之爱,也有自然之爱,可见爱的歌咏对象范围之广。不过,在这些诗歌中,爱情诗占了绝大部分,后人谈起他的民族政治抒情诗、民歌体诗歌时总要对其爱情诗单独罗列,说明其具有重要价值。裴多菲爱情诗的写作数量之所以如此多,一方面是因为他天生敏感的性格;另一方面也不能单纯地将其看作是吟咏爱情的诗作,其中有很大一部分是裴多菲借两性之爱体现人间大爱,好比中国《诗经》中言此意彼一样。这只是一种象征的形式,如同西方神话中永恒的爱情与美丽的女神阿弗洛狄忒,诗人们借缪斯的歌喉抒发着对至善至美的追求。心为歌之源,正是诗人一颗珍贵的赤子之心,使其诗歌咏唱饱含深情、充满激情。总的来说,这些爱情诗凝聚着裴多菲的感情和心血,历久弥新、芬芳馥郁。鲁迅曾称赞裴多菲的诗歌:"所著诗歌,妙绝人世。"[①]裴多菲的诗歌进一步化为现实的力量,也促使诗人不断投身时代的一个又一个旋涡中与人

[①] 鲁迅. 鲁迅全集[M]. 北京:人民出版社,2012:274.

民同呼吸、共进退，直至为匈牙利的解放吟出自己的天鹅之歌：

> 我到处寻求着战争之神，
> 我终于加入了战士的行列；
> 歌声就此年复一年地停息，
> 假如我写，我就用宝剑
> 蘸着我的沸腾的热血，
> 写下我的最壮丽的诗篇。
>
> 唱吧，唱吧，可爱的琴啊！
> 唱出你心中所有的一切；
> 你歌唱光明，歌唱黑暗，
> 你歌唱暴力，歌唱柔和，
> 歌唱悲哀，也歌唱欢乐。
>
> 你是一面明镜，你映照出
> 我的整个的悲惨的一生，
> 也映照出我生命的两只花朵：
> 已经永远消逝了的青春，
> 和那永无止境的爱情。
>
> 我的琴啊，你勇猛地唱吧！
> 唱出你那最后的歌曲；
> 你的歌声永不消失！
> 让它回旋在未来的世纪里，
> 回旋在时代的高山之巅！ ①

---

① 裴多菲. 裴多菲诗选[M]. 孙用，译. 北京：人民文学出版社，1979：167.

故居内景

　　就裴多菲的 800 多首抒情诗来说,其中最精华的部分是写给他妻子森德莱·尤利娅的爱情诗,约有 120 首。这些诗歌表面上都是献给妻子的,但与裴多菲本身的政治活动紧密相连,可以说,爱情与政治是他所有爱情诗中水乳交融的主题,就如中国广大青年最为熟知的那首《自由与爱情》:"生命诚可贵,爱情价更高。若为自由故,二者皆可抛!"这首脍炙人口的爱情诗本身也是政治抒情诗。"自由与爱情"作为诗歌创作的主题,贯穿着裴多菲战斗的一生。在这些诗歌作品中,不光有细腻的感情流露,也展现出了诗人理想中的自我形象:"一个手握宝剑,奋勇沙场的战士。"那些献给妻子尤利娅的爱情诗歌也对尤利娅的思想转变起过巨大的作用。尤利娅出身于庄园主家庭,却与穷苦诗人结了婚。裴多菲在《致尤利娅》一诗中写道:"我不仅爱她外形的苗条,更爱她心灵的美丽。"① 在裴多菲与尤利娅度蜜月期间,虽然他的内心充满着无限的幸福与欢乐,但是在诗人的心

---

① 安道尔. 裴多菲[M]. 史瑞祥, 译. 郑州: 黄河文艺出版社, 1985: 347.

灵中也积聚着忧郁和哀伤。例如在他最著名的抒情诗《九月的最后一天》中，就充满着无限的忧伤。他预料自己必将战死沙场，而且在他死后，他的妻子会很快地忘掉他。裴多菲的预料完全正确。他死后不到一年，森德莱·尤利娅便嫁给了布达佩斯大学一位名叫霍尔瓦特·阿尔帕德的教授。对于那些沉溺在个人幸福中而忘记自己责任的作家和朋友，裴多菲也写过一些文字加以提醒，例如被鲁迅先生引入《诗歌之敌》和《中国新文学大系：小说二集》序言中的裴多菲的诗《题在瓦·山夫人的纪念册上》，就被译成了散文："听说你使你的丈夫很幸福，我希望不至于此，因为他是苦恼的夜莺，而今沉默在幸福里了。苛待他罢，使他因此常常唱出甜美的歌来。"①鲁迅一再引用这首诗，就是因为当时中国现实社会中的一部分作家沉沦于个人主义的狭隘圈子里。由此可以看出，裴多菲居安思危，在匈牙利未解放的历史背景下，他是一只"苦恼的夜莺"。

战魂永存

裴多菲不仅是一名优秀的诗人，同时也是一名英勇的斗士。著名德国诗人亨利希·海涅十分赞赏裴多菲，赞赏裴多菲的诗歌是与现实的结合、灵与肉的统一。1849年，海涅写道："裴多菲是一位只有彭斯和贝朗瑞才能与之媲美的诗人。……在充满病态、怀疑和动摇的社会中竟能保持如此惊人的健康与纯朴，我在德国找不到任何一个人能与他相匹敌；我自己只有少许这样自然的声籁，这个农家子富有自然的声籁，有如一只夜莺。"②裴多菲将身上的"健康和纯朴"灌注于诗歌之中，带领匈牙利人民掀起了一个又一个的反抗压迫、争取自由的解放浪潮。其中最有名的当属"三月十五日佩斯起义"。在如今的匈牙利，每个城镇都

---

① 鲁迅. 鲁迅全集[M]. 北京：人民出版社，2012：276.
② 安道尔. 裴多菲[M]. 史瑞祥，译. 郑州：黄河文艺出版社，1985：407.

有裴多菲雕像,每个村庄都有以裴多菲命名的街道,3月15日更被定为国家节日,每到这一天,人们都要在裴多菲雕像前举行纪念活动,纪念1848年匈牙利自由革命,纪念裴多菲。

在匈牙利独立之前,匈牙利人民痛苦不堪,阶级矛盾激化到极点。奥地利皇室统治与国内封建帝制的压榨迫使农民多次起义,以反抗外国侵略和国内地主阶级的压迫。1514年,多热·久尔吉领导了特兰西瓦尼亚大起义,此后革命之火迅速蔓延全国,匈牙利各处均有农民起义,震撼了欧洲各国。特兰西瓦尼亚大起义也为1848年的资产阶级民主革命打下了坚实的革命基础,1848年起义达到高潮,在这一年的3月15日,匈牙利首都佩斯爆发了包括有学生参加的无产阶级和小资产阶级的市民起义,领导这次起义的就是爱国诗人和民主主义革命家裴多菲。

3月15日清晨,天空还下着雨,人们从四面八方陆陆续续聚集在国家博物馆前,他们都静静地看着对方,眼神坚定而愤懑,阴暗的天空浓云密布,悄悄地积蓄着力量,不时发出几声闷雷声。这时,远处的人群出现了骚动,人们不约而同地朝着骚动的方向望去,只见许多人簇拥着一个人跨上了博物馆门前的高台。他摘下帽子,帽檐仍有雨水在滴落,衣服也湿了大半,整个身形慢慢地显露出来,这是一个身体瘦削、脸颊有棱角的男子,脸色苍白,双眼却炯炯有神。有人低语,极力压抑激动的声音:"天哪,是裴多菲!"裴多菲不紧不慢地从怀里掏出一沓纸,此时,窃窃私语声停止了,人群立马安静了下来。"做奴隶,还是做自由人?"他面向同胞激昂地高呼:

> 起来,匈牙利人,祖国在召唤!
> 是时候了,现在干,还不算太晚!
> 愿意做自由人呢,还是做奴隶?
> 你们选择吧,就是这个问题! ①

---

① 裴多菲. 裴多菲诗选[M]. 孙用, 译. 北京: 人民文学出版社, 1979: 96.

雷声不再压抑了,整个天空在怒吼,人们的呼声响彻云霄:"做自由人!我们绝不再屈服!"在怒吼声中,人们簇拥着裴多菲向全国最大的印刷厂——兰德纳印刷厂前进,以人民的名义夺取了印刷机器,印出了裴多菲的《民族之歌》和由约卡伊·莫尔起草的实行资产阶级改革的《十二条》。起义队伍继续冲向布达监狱,释放了因创办《工人报》而被囚禁的谭启奇·米哈依。这支队伍一直活动到深夜,整个城市都沸腾起来了,条条街道装上了彩灯、插上了彩旗,到处悬挂着裴多菲的画像。这天晚上,民族剧院也被起义者占领,上演了考托诺·尤若夫的反抗德国统治的著名悲剧《邦克总督》。裴多菲的诗歌《民族之歌》被谱上曲,全场响起一阵悲壮的歌声,在场者纷纷落泪。裴多菲在3月15日的《日记抄》中写道:"匈牙利的自由啊,在你诞生的这一天,我向你致敬!我曾经为你祈祷过和斗争过,现在我第一个向你表示欢迎。我的快乐是那样无边……"① 裴多菲领导的3月15日的起义,影响着匈牙利的各个阶层。革命浪潮冲击着偏僻落后的村庄。3月18日,他们宣布废除农奴制,西北地区的农民自发平分了庄园主的土地。在贝客什州和乔娜地州,起义群众占领了伯爵老爷们的牧场,冲进文书管理所烧毁了全部地契和公文,把土地平分给劳苦农民。裴多菲高度赞扬农民起义的英勇行为。他把农民起义的浪潮比喻成洪水,歌咏洪水的力量,让洪水奔腾,冲破腐朽的封建制度。

故居展品

---

① 裴多菲. 裴多菲文集[M]. 兴万生,译. 上海:上海译文出版社,1996:324.

故居外景

3月19日，他同革命民主主义者巴尔非创办了宣传激进革命思想的杂志——《三月十五日》；3月20日，裴多菲同小说家约卡伊·莫尔创办了《生活景象》杂志；4月2日，谭启奇·米哈依的《工人报》也复刊了。裴多菲的诗歌与政论文章，不断在这三个刊物上发表。这一时期，他写下了最著名的革命诗篇《大海沸腾了》，高度赞扬起义群众的革命行动：

  大海沸腾了，
  人民的大海；
  那可怕的威力，
  掀起滔天骇浪，
  震动着天和地。①

正如革命导师列宁所说："革命是被压迫者和被剥削者的盛大节日。"② 匈牙利变成了欢乐的海洋。

---

① 裴多菲．裴多菲诗选[M]．孙用，译．北京：人民文学出版社，1979：99．
② 列宁．社会民主党在民主革命中的两种策略[M]．中共中央马克思恩格斯列宁斯大林著作编译局，译．北京：人民出版社，1964：34．

1849年后，裴多菲投身于战场，正如他自己所说的："我是杀人的工具——兵，同时我也是一个诗人。"①他也是如此做的，严格履行着革命战士与诗人的神圣职责，一手拿笔，一手高举军刀，奔跑在战场上。1849年1月15日，诗人离别了妻儿，踏上了征程，从匈牙利第二大城市德布勒森出发，到特兰西瓦尼亚参加贝姆的军队，并受到这个天才将领的热烈欢迎。在战场上，他们不仅是同志，也是亲人，他们情同父子。裴多菲曾说："我的将军啊，对我来说，您比我的父亲还要亲，父亲只给了我生命，而您却给了我荣誉。"②贝姆将军从快马车上第一眼看到裴多菲时，便用法语连声喊着："我的儿子！我的儿子！"③正是这份难能可贵的情谊，使裴多菲一系列诗篇中的贝姆将军形象有了鲜血和生命。《爱尔德利的军队》《炮声响了四天》《瓦依达——胡尼亚地城堡》等诗作歌颂了贝姆将军的国际主义精神与人道主义精神，正是这位波兰籍的将军，为被压迫、被侵略的弱小民族的独立与自由而不停地战斗着，赢得了匈牙利人民的崇敬。

　　幸与不幸宛若一对孪生姐妹，在匈牙利革命势如破竹的形势下，俄奥联军开始了野蛮残暴的反攻清除，随着叛徒的出卖和匈牙利军队内部的分裂，匈牙利革命迅速转向低潮。但是裴多菲却始终充满信心，认为胜利必将属于被压迫者。7月22日，裴多菲从玛洛什·瓦萨尔赫基写信给他的妻子尤利娅，鼓励她要对民族解放战争的前景和个人的家庭幸福充满信心："要忍耐！要冷静！再冷静！"

　　7月29日，即诗人牺牲的前两天，诗人给妻子写信，告诉她匈牙利军队取得了"一口气消灭了拥有4000名俄国士兵的一个营"的骄人战绩，在信中他充满愉快和乐观，并打算接她到特兰西瓦尼亚，参观著名的托尔多风景区。

---

① 裴多菲. 裴多菲诗选[M]. 孙用, 译. 北京: 人民文学出版社, 1979: 147.
② 安道尔. 裴多菲[M]. 史瑞祥, 译. 郑州: 黄河文艺出版社, 1985: 537.
③ 安道尔. 裴多菲[M]. 史瑞祥, 译. 郑州: 黄河文艺出版社, 1985: 538.

故居外景

7月30日,即裴多菲牺牲的前一天晚上,他在给尤利娅的信中说:"战斗非常激烈,我准备为祖国牺牲!只有这样才是我最光荣的前途……我的妻子啊!咱们的儿子卓尔坦会走路了吗?断奶了吗?要教他说话,逗他笑!"裴多菲在牺牲前依然如此乐观和积极,但战争却无情地带走了他的生命。

7月31日晨,贝姆将军将还能战斗的300人组成了一支骑兵队,在战斗打响前又特意叮嘱裴多菲留下。诗人却违背了将军的命令,跟在骑兵队后面出发了。战斗打响,身材瘦削的诗人被两名俄国哥萨克骑兵前后围住,一把弯刀凶狠地向他劈来,诗人闪身躲开,但同时一把尖利的长矛已刺进了他的胸膛,诗人痛苦地倒下了……

此后的数十年里,匈牙利人民始终不愿相信他们的诗人已不在人世,传闻不断出现。有人说曾在一个农民家里看见过他,有人称自己被俘后在俄国见过裴多菲,匈牙利议会还专门进行了调查,但令人失望的是,这个"目睹者"既没当过兵,更未被俘虏过。

裴多菲牺牲时年仅26岁,留下了22岁的妻子和1岁半的幼子。他一生中写下了800多首抒情诗和8部长篇叙事诗,此外还有80多万字的小说、政论、戏剧和游记，有相当一部分的著作是在战火中完成的。这样的高产在欧洲文学史上是非常罕见的。在匈牙利文学乃至其整个民族的发展史上，裴多菲占有独特的地位，他奠定了匈牙利民族文学的基石，继承和发展了启蒙文学的战斗传统，被誉为"是在被奴隶的鲜血浸透了的、肥沃的黑土里生长出来的'一朵带刺的玫瑰'"①。一个多世纪以来，裴多菲作为争取民族解放和文学革命的一面旗帜，也得到了全世界进步人士的公认。他那一首首脍炙人口的诗篇，至今仍在广为传诵。

（撰稿：李晓晓）

参考文献

安道尔. 裴多菲 [M]. 史瑞祥，译. 郑州：黄河文艺出版社，1985.

冯植生. 匈牙利文学史 [M]. 北京：社会科学文献出版社，1995.

列宁. 社会民主党在民主革命中的两种策略 [M]. 中共中央马克思恩格斯列宁斯大林著作编译局，译. 北京：人民出版社，1964.

鲁迅. 南腔北调集 [M]. 北京：人民文学出版社，1980.

鲁迅. 鲁迅全集 [M]. 北京：人民出版社，2012.

裴多菲. 裴多菲诗选 [M]. 孙用，译. 北京：人民文学出版社，1979.

裴多菲. 裴多菲文集 [M]. 兴万生，译. 上海：上海译文出版社，1996.

兴万生. 裴多菲评传 [M]. 上海：上海文艺出版社，1981.

兴万生. 裴多菲 [M]. 沈阳：辽宁人民出版社，1984.

---

① 冯植生. 匈牙利文学史 [M]. 北京：社会科学文献出版社，1995：65.

易卜生

  与挪威皇宫隔路相望的易卜生博物馆，位于奥斯陆城易卜生大街上。易卜生博物馆是由易卜生和妻子晚年生活的旧宅改造而成的。长期漂泊异邦的易卜生年过花甲才重新回到了祖国，回国后的他先是在挪威北部生活了一段时间，后来决定南下定居奥斯陆城。最初他们是住在故居对面街上一套公寓里，后于1895年搬家至此。在这里，易卜生度过了他人生的最后11年，并完成了他最后的两部作品。

  易卜生博物馆保留和修复了易卜生生前的写作室，靠窗的棕色写字台上似乎还留有他的墨迹，对面壁炉前围聚的沙发间仿佛还回荡着易卜生与客人辩论与交谈的声音。蓝色背景的墙壁上悬挂着大大小小的画像，不过最引人注目的还是那幅瑞典文学院授予易卜生文学博士时的照片，授奖典礼上易卜生穿过的深色博士袍被端端正正地摆放在橱窗里。端详着百年前易卜生写作与生活的地方，不禁让人发出"斯人已逝，艺术长存"的慨叹。

  距离易卜生博物馆不远处是富有浓郁文化气息的挪威国家剧院，在剧院入口的一侧竖立着易卜生的雕像。高高耸立的易卜

易卜生故居博物馆（挪威奥斯陆）

生将孔武有力的胳臂背在背后，薄薄的嘴唇紧闭着，严肃神情下一双锐利的眼睛向前直视，似乎要从社会现象中窥探出本质。漫步在奥斯陆城的街头，随处可见易卜生的印记：随处可见的易卜生名言、座无虚席的易卜生咖啡馆、每隔两年在此举办一次的世界戏剧盛会——易卜生戏剧节……易卜生不仅是挪威奥斯陆城最著名的文化名片，而且也是世界戏剧史上一颗璀璨的明珠，他用26部戏剧作品照亮了整个挪威文学乃至世界戏剧文学。

戏剧化的人生之旅

作为世界著名的戏剧作家，易卜生的戏剧之旅却并不是一帆风顺的。

1828年，易卜生诞生于挪威南部海边小镇斯基恩。他的父亲是经营木材生意的商人，母亲是文艺爱好者。在母亲的言传身教下，易卜生童年时期就对文学艺术产生了浓厚的兴趣，尤其表现在绘画和戏剧方面。作为家中的长子，易卜生要经常承担起照顾弟弟妹妹的责任，为了哄弟弟妹妹开心，易卜生就带领他们表演戏剧。一开始只是在家中"表演"，后来在大人的鼓励和帮助下，他们也会到街头表演自编自演的"戏"。用旧木板搭成简易的棚子当作戏台，用大木箱或大木桶当作道具，戏剧表演就开始了。他们表演的"剧种"主要是"木偶戏"和"腹语戏"。"木偶戏"的木偶常常是易卜生自制的，他手提木偶，嘴里念叨着"戏语"。而"腹语戏"则是弟弟藏在大木箱或大木桶中，易卜生坐在上面表演，他只动口，不出声，声音由藏在木箱或木桶中的弟弟发出来，观众听起来好似声音出自表演者的腹部。他们逼真的表演，尤其是表情和声音方面的自然合拍，不仅引起围观人们的欢笑，也赢得了他们的阵阵掌声。

可好景不长，在易卜生8岁时，家道中落，易卜生由一个衣食无忧的孩子变成在贫困环境中奋力挣扎的少年，身份的转变极大地打击了他的自尊心。无奈之下，家庭的经济来源要仰仗富贵的亲戚资助。乞讨的日子是毫无尊严可言的，贫寒的小市民阶层向上流人物所表现出的那种卑躬屈膝和诚惶诚恐的丑态，令年幼的易卜生感到了可悲与痛心。

博物馆内景

1843年,为了减轻家庭的负担,刚满15岁的易卜生背起行囊来到离家70公里远的格利姆斯达小城的一个药房里当学徒,开始了他的学徒生涯。在繁忙的药房事务中,他仍然不忘学习。他白天做各种繁杂的工作,晚上学习拉丁文、希腊文,练习绘画并熟读莎士比亚、雨果、拜伦、歌德、莱辛等作家的诗歌、戏剧和小说。在格利姆斯达的七年时间里,一方面广泛的阅读为易卜生即将开始的文学创作构筑了坚实的基础;另一方面他对社会市侩的庸俗、狭隘和自私得到了更真切的体会。在药房,与药剂、患者的频繁接触让他积累了一些病理学知识,于是他萌发了当医生的念头;对画画的执着让他又有继续绘画的冲动;他又想去大学接受专业老师在诗歌和戏剧方面的指导。反复地斟酌之后,他最后选择报考首都克里斯蒂安尼亚大学(今奥斯陆大学)。他一边积极准备应考,一边尝试写作诗歌与戏剧。而这一时期,欧洲各国兴起了民主革命运动和民族解放运动,反民族侵略的呼声响遍各地。东欧与西欧的革命风暴震动了挪威,小城格利姆斯达也沸腾了。这种新鲜而强劲的革命洪流激发了易卜生的政治热情,他与志同道合的朋友们组织集会,发表演说,写诗文,宣扬符合时代精神的资产阶级民主思想。为响应时代的号召,易卜生在其原先带有浓厚的浪漫主义幻想和个人感情色彩的抒情诗中注入更强劲的民族解放意识和战斗精神。他在1848年至1849年间写下了诗歌《给马札尔人》《醒醒吧,斯堪的纳维亚人》,并编写了人生第一个诗体剧本——《凯蒂琳》。这部具有浪漫主义色彩的剧本的完成标志着易卜生戏剧创作的开始,可这个剧本并没有引起人们的关注。

　　一时的失败并没有扼杀他对戏剧的热爱。1850年春天,易卜生离开格利姆斯达,前往克里斯蒂安尼亚。他此行的目的一是争取诗剧《凯蒂琳》在剧院的上演;二是努力扩展文化视野并继续进行文学创作;三是准备功课报考大学。在备考期间,易卜生写下了独幕诗剧《诺尔曼人》(后改名《武士冢》)。不幸的是,易卜生在大学入学考试中失利,名落孙山;幸运的是,《武士冢》在首都的演出很成功,赢得了观众的认可,易卜生也因此成了小有名气的人物。后来经朋友介绍,他参加了克里斯蒂安尼亚大学的学生协会,并担任学生报刊编辑,为报刊创作诗文。这些诗文刚健清新、笔锋犀利、民族意识强、感染力强,因此他被大学生称作文坛新星。在这里,他结识了挪威另一位剧作家、小说家比昂逊,两人建立了深厚的友谊。他们常常在一起探讨文艺创作与社会革命的关系,探讨如何促进挪威民族文化的发展等问题,并积极创办刊物,为文学创作服务于现实生活的主张而呐喊。

1851年,以弘扬民族文化为己任的挪威作曲家和小提琴家奥莱·布尔聘请易卜生担任卑尔根民族剧院的编剧和舞台监督。在卑尔根剧院工作期间,易卜生杰出的表现赢得了剧院经理的欣赏和信任,因而他常常被派遣出国访问与深造。在国外的访问、学习与考察使易卜生在戏剧理论、舞台艺术和文化知识方面收获颇丰,同时也让他认识到了自己的不足。他一边博览群书,丰富自己的历史知识和文化修养,一边拟订编剧计划。易卜生在卑尔根民族剧院工作了六年,成绩斐然,反复修改了《武士冢》,并编写了一系列取材于挪威历史、民间传说和"勇士歌"的剧本,例如《厄斯特罗特的英格夫人》《苏尔豪格的宴会》等。事业上的成功也让他结识了他未来的妻子——苏珊娜·托勒森。从某种意义上说,苏珊娜是促使易卜生成功走上戏剧之路的一个重要人物。在易卜生戏剧创作的前期,一次又一次的失败让曾经视戏剧为生命的易卜生打算放弃戏剧创作,甚至让他认真考虑起了自己的另一个才能——绘画。苏珊娜及时阻止了他,并鼓励他坚持写作。后来他的儿子还说:"世界将感谢我的母亲,她使人间少了一位拙劣的画家,却得到了一位伟大的作家。"①

1857年,易卜生与卑尔根民族剧院的合同到期,以弘扬民族文化为宗旨的挪威剧院聘请易卜生担任剧院经理和艺术指导。在挪威剧院的日子里,他满腔热情地投入工作,积极从事戏剧编剧和演出,为发展挪威民族戏剧而奋斗。可由于挪威剧院保守势力强大,易卜生在戏

---

① 约翰逊. 知识分子[M]. 杨正润,译. 北京:台海出版社,2003:95.

剧革新的道路上走得并不顺利，先后经历了由《海尔哥伦的海盗》引发的禁演与反禁演斗争。1862年，挪威剧院破产。失业的烦恼与家庭的琐事常常让他郁郁寡欢，他后来竟产生了轻生的念头。还好有朋友的及时开导与妻子的悉心照料，他的悲观情绪才日益淡化，逐渐恢复了健康。

1863年，挪威政府对兄弟国家丹麦的背信弃义，让饱含爱国主义热情的易卜生感到义愤填膺，他创作诗文来表达他

博物馆内景

对挪威当局的憎恶，招致挪威政客对他进行恶意的人身攻击。他对整个挪威的社会环境大失所望，于1864年愤然离开挪威，开始了长达27年的异域漂泊之旅。国外流亡的漫长岁月，一方面使他开阔了眼界，吸取了当时欧洲先进的人文主义思想，坚定了追求真理、民主、自由而奋斗的意志；另一方面也使他可以以局外人的身份来观察挪威，大胆发表对社会问题的真知灼见。这一时期也是他写作生涯中的高产期，《布朗德》《培尔·金特》《青年同盟》《玩偶之家》《社会支柱》等剧作都诞生在这一时期。然而，身在异邦的他却时刻挂念着自己的祖国，胸中郁积着沉重难消的乡愁，如他在诗中写的那般："从南方明亮的丛林，每夜每夜，一个骑士独自驰向覆雪的茅舍。"[①] 1891年，年过花甲的易卜生载誉归国。晚年的易卜生依然怀着严肃而又认真的写作态度，集中全部精力进行戏

---

① 易卜生. 易卜生文集第八卷[M]. 多人，译. 北京：人民文学出版社，1995：40-41.

博物馆内景

剧创作。自回国之后到 1900 年病重之前,易卜生又坚持完成了四部剧本:《建筑师》《小艾友夫》《约翰·盖勃吕尔·博克曼》《当我们死人醒来的时候》。1906 年 5 月 23 日,这位"现代戏剧之父"与世长辞,挪威政府为他举行了国葬。

虔诚的艺术之心

易卜生曾在给比昂松的信中写道:"写作的天赋不是一种特权,而是一种责任。"[①] 为了担负起艺术家的责任,易卜生不止一次提到他的终生使命是"要利用上帝赋予我的天赋,把我的同胞从麻木中唤醒,促使他们看清那些重大问题的发展趋向"[②],他毕生的事业是"唤醒我们民族

[①] 易卜生. 易卜生书信演讲集[M]. 汪余礼,戴丹妮,译. 北京:人民文学出版社,2012:62.
[②] 易卜生. 易卜生书信演讲集[M]. 汪余礼,戴丹妮,译. 北京:人民文学出版社,2012:43.

的人们,激励他们为感受伟大的理想而奋斗"①。易卜生利用他敏锐的洞察力,创作了一部又一部戏剧来履行自己作为艺术家的职责。他前期借用历史故事来反抗基督教神权的清规戒律和权威社会对人性的禁锢、束缚和压制,表达个性解放,《布朗德》和《培尔·金特》为代表作;中期立足于社会现实,把19世纪挪威人们在日常生活中面临的宗教、法律、道德、婚姻家庭、政治生活等问题搬上舞台,创作了一系列的反映社会问题的戏剧如《青年同盟》《社会支柱》《人民公敌》《玩偶之家》和《群鬼》;后期用象征主义和表现主义的手法来发掘人的本性,探索人活在世上的真正意义,写下了《野鸭》《罗斯莫庄》《海上夫人》《海达·高布乐》《建筑师》《小艾友夫》《约翰·盖勃吕尔·博克曼》和《当我们死人醒来的时候》等象征主义戏剧。

　　易卜生在戏剧中常常会设置一个话题,通过剧中人物的深入讨论引导人们发现问题,但对这个问题却总是悬而不解。例如在《玩偶之家》中,一直生活在丈夫控制下的娜拉愤然逃离男尊女卑的家庭,但娜拉出走后会怎么样?她是再回来,还是会像林丹太太一样幸运地找到工作?易卜生把问题留给了读者。这种提出问题而不给出答案的写作方法可以说就是易卜生戏剧的特色。易卜生自己也这样说:"我宁可只提出问题,我的使命并不在于做出回答。"②这就是易卜生戏剧创作最高明的地方,把问题交给观众与读者。用胡适的话来说,易卜生把家庭、社会黑暗腐败的一面写了出来,这类似于医生诊了病,开了一个脉案,把病状详细写出来。但他不轻易开出药方,因为他知道人类社会是极其复杂的组织,有种种绝不相同的境地,有种种绝不相同的情形。社会的病种类纷繁,绝不是什么"包医百病"的药方所能治好的。因此他只写了脉案,说出病情,让病人自己去寻医病的药方。③胡适说的道理没有错,但他的比喻有点不

---

① 易卜生. 易卜生书信演讲集[M]. 汪余礼,戴丹妮,译. 北京:人民文学出版社,2012:45.
② 海默尔. 易卜生:艺术家之路[M]. 石琴娥,译. 北京:商务印书馆,2007:125.
③ 参见胡适. 易卜生主义[J]. 新青年,1918(6).

恰当。如果易卜生真的是一名医生，他绝对是不合格的医生，医生哪有让患者自己寻药的道理？所以，他也只能成为一名艺术家，一名坚守着对全人类负责的使命、怀揣着对艺术的虔诚之心进行戏剧创作的艺术家。

有人说，易卜生一直被尊称为"现代戏剧之父"的原因是他的技术创新，他开创了一个现代戏剧的实验的新结构，但更重要的，他被认为是现代的思想家。之所以这样说，主要是因为易卜生在戏剧方面提出的问题不仅与当时正在孕育萌动的种种思想有着一致性，而且还具有前瞻性。《人民公敌》中公民身份与话语权缺失的问题、《玩偶之家》中的妇女平等问题、《建筑师》中的环境生态问题仍然是当今社会需要讨论的重大问题。正如他自己所言："我的作品属于未来。"①

不凡的日常之思

易卜生戏剧创作的素材常常是生活中或精神上能触发他心灵的场景或事件。在1874年的一次演讲中，易卜生提道："我所写作的东西，都是我在精神上体验过的……可以说，我描绘的是高于我日常自我的东西。但我也会描绘相反的一面，那种我们心中不堪入目的一面。这样一来，写作于我就成了一种沐浴，在完成之后使我更加清洁、健康和自由。是的，先生们，没有人能够诗意地表现在某种时刻上自己并未亲身体验过的东西。"②

在易卜生的戏剧中，常常有他日常生活的影子。在《建筑师》这部剧中，他描写到老建筑师索尔尼斯在少女希尔达的鼓舞下，勇敢地爬上了自己修建的塔楼的顶点，冒着生命危险去享受自由而骄傲地站在高处"俯视一切"的快乐。这种爬到楼顶俯视的场景实际是和易卜生小时候

---

① 易卜生. 易卜生书信演讲集[M]. 汪余礼，戴丹妮，译. 北京人民文学出版社，2012：211.
② 李兵. 现代戏剧之父：易卜生心理现实主义剧作研究[M]. 成都：四川大学出版社，2009：5.

大师音容犹在

的一次经历有关。在他两三岁的时候，有一次女佣带他出去玩，他站在一座雄伟高峻的大教堂前，让女佣带他去顶楼看风景。在顶楼，他看到楼下的房屋、行人、车马像小巧的玩具一样，竟拍着手欢呼雀跃。易卜生把自己童年最初认知大世界的喜悦之情写进了戏剧里。再如，易卜生创作《玩偶之家》这部戏剧的灵感是来源于自己的妻子。苏珊娜为了能让易卜生专心致志地工作和创作，放弃了自己的写作爱好，做起了家庭主妇，包揽一切家务。易卜生内心十分感激，但也因此引发他的深思，为什么妇女不能和男人一样平等？妻子为他做出的牺牲只是引发了他的思考，而发生在朋友劳拉·基勒身上的事件则是激发他创作的动力。劳拉·基勒是一位不幸的挪威少妇，她想帮助丈夫，就去偷窃。当她的罪行被察觉时，她的丈夫把她看作累赘和耻辱，而且一度把她送进了精神病医院。易卜生就以她为模板，塑造了《玩偶之家》女主人公娜拉的形象。正如我国戏剧教育家、理论家余上沅所说："易卜生所创造的人物没有一个是浪漫的男女英雄，他们却都是形形色色的普通人。他剧中所描写的生活自然也是日常实际生活，背景也是起居室之类的环境。极平凡的人，在极平凡的环境中，说极平凡的话，做极平凡的事；然而在这极平凡的背后，易卜生却指点出一个也许是极不平凡的意象来：这是艺术家点石成金的大手腕！"[①] 是的，易卜生总能从平凡的日常生活中发现不同寻常的哲思。

---

① 余上沅. 易卜生的艺术[J]. 新月，1928（1）.

为什么易卜生可以从普普通通的故事中挖掘出深广的主旨内涵呢？欧洲戏剧研究学者丁扬忠认为，易卜生的过人本领在于他在一般剧作家止步的地方起步向前：一般剧作家满足于表现社会表层现象，习惯用普通人的眼光去评价生活，喜欢用对与错或是与非去评价事物，其结果便是作品的简单化与表面化。易卜生则越过生活表层，在哲理层面去开掘主题，深化剧作的思想内涵。① 以《海上夫人》为例，这部剧讲述了在海边长大的艾莉达认识了一名海员，两个人情投意合并订了婚，但这位船员因为谋杀了船长，就离开了艾莉达。迟迟等不到爱人回来的艾莉达后来嫁给了房格尔医生，可婚后的艾莉达郁郁寡欢，只有在面对大海时才有欢欣的笑容。若干年后，当那名海员出现时，艾莉达处在纠结矛盾中，一方是曾经深爱的恋人，一方是对自己呵护备至的丈夫，是与恋人远走高飞，还是继续现在无爱的婚姻？最关键的是，丈夫房格尔会不会给她重新选择的机会？意想不到的是，房格尔很痛快地答应了。如果这部戏剧的题材让一般剧作家去写，很可能会写成房格尔最终都不愿意给艾莉达自由，把她捆绑在这段无爱的婚姻中。如果以此剧情来表达女子是婚姻关系中的牺牲品，不免流于俗套。易卜生则不然，他将笔墨落在房格尔同意给艾莉达自由之后艾莉达心灵上的巨大变化。易卜生在更高深的层次上赋予了这部剧的主旨——自由是真诚的心灵沟通和选择的绝对自由。

深刻的灵魂自审

在1880年6月16日致他作品的德语翻译者路德维格·帕萨奇的信中，易卜生说："我写的每一首诗、每一个剧本，都旨在实现我自己的

---

① 参见丁扬忠. 哲理诗情象征——论易卜生象征主义戏剧[J]. 中央戏剧学院学报, 2009(3): 67-73.

精神解放与心灵净化——因为没有一个人可以逃脱他所属的社会责任与罪过。因此，我曾在我的一本书上题写了以下的诗句作为我的座右铭：生活就是与心中的魔鬼搏斗；写作就是对自我进行审判。"① 易卜生作品中的这种自我审判意识起于诗歌，用于戏剧，贯穿他一生的创作。写诗阶段他就曾明确地表明"写诗就是对自己的灵魂进行审判"②。抒情诗《北方的信号》《奈布莱的星辰》，哲思诗《在高原》《棉凫》《记忆的力量》，或热情洋溢，或质朴纯真，或含蓄深邃，其中都渗透着易卜生对自我灵魂的拷问与自审。后来在戏剧创作中，他更是将创作与"自我审判""自我剖析"联系在一起。在《布朗德》这部戏剧中，易卜生借助主人公布朗德用执拗的方式不断地来自我肯定。他曾在给友人的信中提道："《布朗德》是最佳时刻的我自己，我试图表达我在内省我自己怀有最伟大、最美好理想的那一瞬间。因此我试图表达那种比平常的我要站得较高的时刻。"③ 晚年八部象征主义戏剧的诞生标志着易卜生对自我的审判进入了一个更高的境界。《野鸭》中象征囚禁与自由关系的野鸭，《罗斯莫庄》中在宗教与世俗的双重压迫下茫然失措的罗斯莫牧师，《海上夫人》中守望精神自由的艾莉达，《海达·高布乐》中摆脱现实束缚、追求自我解放的海达，《建筑师》中为追求梦想而牺牲家庭幸福和精神安宁的索尔尼斯，《小艾友夫》中对人类生存中种种未知和荒诞的困境加以超越的吕达和沃尔茂，《约翰·盖勃吕尔·博克曼》中在愿望与现实矛盾中挣扎的博尔曼，《咱们死人醒来的时候》中在艺术与爱情、灵与肉、理想与现实之间有过犹豫徘徊的艺术家鲁贝克，这些形象无一例外地都表现出剧作家易卜生对自我的审判。因而也可以看出，易卜生所有的创作在某种程度上都是基于反思他心目中的"自我"，并超越他心目中的"自我"。可这些被易卜生赋予自我审视的艺术形象又何尝不是

---

① 易卜生. 易卜生书信演讲集[M]. 汪余礼，戴丹妮，译. 北京：人民文学出版社，2012：190.
② 易卜生. 易卜生文集第八卷[M]. 多人，译. 北京：人民文学出版社，1995：52.
③ 张瑾. 易卜生戏剧中个人主义的不同表达方式[D]. 上海：上海戏剧学院，2011.

现实世界中的我们自己呢?

每一个沉思的瞬间都有可能迸发创作的灵感。易卜生说:"在我生命中那些安静的时刻里,我倾听过来自我灵魂最深处的声音,并有意地去探索和解剖我自己的灵魂;而这种探索与解剖越是深入,我自己也越是感到痛苦。"① 也许正是因为痛苦的沉思,易卜生才能通过灵魂自省写出人类的性格、深层心理和命运。

中国化的易卜生

易卜生一生从未到过中国,可他却在剧本中六次提及中国。第一次是在《爱的喜剧》里,福克对斯凡希尔德小姐说:"中国是个非常古老的国家。"② 《培尔·金特》是易卜生提到中国次数最多的剧本,共有三次。剧中培尔讲述他是通过向中国出口上帝画像而发家致富的。第五次是在《玩偶之家》中,海尔茂对林丹太太说:"编织的针忽上忽下,很有点中国味。"③ 最后一次提到中国是在《海上夫人》的剧本中,艾莉达在向她的丈夫房格尔谈到她从前的恋人:"他有一次从加利福尼亚给我写信,下一次则是从中国。"④ 易卜生绝对没想到他的作品会在他去世后不久就流传到古老的中国,并深得中国广大读者的喜爱。

鲁迅是中国介绍和评论易卜生的第一人。1907年,鲁迅在月刊上连续发表文章告诉读者,近代挪威易卜生"瑰才卓识",其所描写的,"则以更革为生命,多力善斗,即忤万众不摄之强者也"。⑤ 他还认为,易卜生"愤世俗之昏迷,悲真理之匿耀",于是创作戏剧《社会公敌》,以宣

---

① 易卜生. 易卜生书信演讲集[M]. 汪余礼,戴丹妮,译. 北京:人民文学出版社,2010:112.
② 易卜生. 易卜生文集第二卷[M]. 多人,译. 北京:人民文学出版社,1995:333.
③ 易卜生. 易卜生文集第五卷[M]. 多人,译. 北京:人民文学出版社,1995:188-189.
④ 易卜生. 易卜生文集第六卷[M]. 多人,译. 北京:人民文学出版社,1995:267.
⑤ 鲁迅. 鲁迅全集第1卷[M]. 北京:人民文学出版社,1956:187-191.

戏剧人生

传自己的观点。剧中斯托克曼医生宣传科学,为民请命,"死守真理,以拒庸愚,终获群敌之谥",以此来表达对易卜生为追求个性解放与顽敌勇敢斗争精神的敬佩。① 我国真正形成对易卜生戏剧作品介绍和翻译的热潮是在五四运动时期。1918年6月,《新青年》第4卷第6期推出"易卜生号",专门来介绍易卜生的思想和戏剧作品,主要以社会问题剧为主。而后,我国专家学者开始越来越多地介绍和翻译易卜生的戏剧作品。一时间,易卜生成为中国的红人,茅盾还曾在1925年的一篇文章中指出,《新青年》宣传易卜生的时代,这位北欧文化的名字传述于青年的口头,不亚于今日之下的马克思列宁。可这一时期对易卜生戏剧的引入主要是看重易卜生戏剧中的社会现实主义,以及戏剧所表现出来的绝对个人主义和解放精神。

在所有译介到中国的西方戏剧中,就民众的喜爱程度来说,几乎没有一个剧本可以和易卜生的《玩偶之家》相媲美。据统计:在该剧1918年首次被胡适译成中文之后的二三十年里至少出现过九个不同的中文译本;1914年该剧首次被搬上中国舞台,是中国观众接触最早的西方戏剧之一,同时还是在中国上演次数最多的外国戏剧;在中国戏剧史上,1935年被称为"娜拉年",因为在这一年该剧先后在中国几个大

---

① 鲁迅. 鲁迅全集第1卷[M]. 北京:人民文学出版社,1956:211-212.

故居博物馆外景

城市上演。① 就它的影响领域和影响范围来讲，中国话剧的诞生就始于对该剧的模仿。1919年胡适创作的中国第一部话剧《终身大事》，在内容和形式上模仿了《玩偶之家》。在随后的10年里，出现了一系列的"娜拉型"剧本，如欧阳予倩的《泼妇》、郭沫若的《卓文君》、张闻天的《青春之梦》等。"娜拉"对中国现代文学的影响并不局限于戏剧，还表现在中国现代小说中，例如鲁迅的小说《伤逝》、茅盾的小说《虹》、巴金的小说《家》。这些作品中的女主人公皆是以《玩偶之家》中的娜拉为摹本，以此来反映女性意识的觉醒。在中国文学史上，娜拉成了一个拥有叛逆精神、追求个人自由、呼吁妇女解放的典型人物。

中华人民共和国成立后，我们对易卜生戏剧的研究更为深入，不仅研究易卜生戏剧的内容、结构、语言、人物、舞台演出，而且从象征主

---

① 何成洲. 对话北欧经典：易卜生、斯特林堡与哈姆生[M]. 北京：北京大学出版社，2009：147.

义、现实主义、女性主义、心理主义、伦理批评等方面对易卜生戏剧进行多方位的解读。

说不尽的易卜生

虽然易卜生已经逝世一百多年，但他的戏剧作品依旧光彩熠熠，给人们带来极大的艺术享受，这是人类历史上不可多得的精神财富。因此，他也被后人誉为莎士比亚之后不可逾越的第二座高峰。

"和莎士比亚一样，易卜生不属于一个时代和一个国家，而属于所有的世纪与全世界。"[1]确实如此，与易卜生同时代的和后世的许多革命家、理论家、作家都充分肯定他在戏剧史上的卓越地位。恩格斯说，他就很欣赏易卜生式的人物，因为他们具有"自己的性格以及首创的和独立的精神"，而这些性格和精神完全体现了挪威中小资产阶级的进步意识。英国的萧伯纳和高尔斯华绥、瑞典的斯特林堡、俄国的契诃夫、意大利的皮兰德娄、德国的霍普特曼、爱尔兰的乔伊斯、美国的奥尼尔等不同流派的剧作家，无不把易卜生当作自己的导师。与易卜生同时代的挪威作家哈姆生也曾说过，挪威文学能够跻身世界文学之林，易卜生的功劳最大。德国无产阶级文艺批评家梅林也曾称赞易卜生不仅是挪威最受爱戴的作家，还是欧洲的一流作家。德国无产阶级革命家、国际妇女运动的领袖蔡特金也充分肯定易卜生揭发批判社会上的虚伪道德的积极意义，她说，剧作家虽然"提出问题而不做答"，但他所提出的问题不断地骚扰资产阶级世界，不断地激励人们探索妇女解放乃至全人类解放的"必由之路"。[2]此外，好莱坞的"悬念"大师阿尔弗雷德·希区柯克说，他不少影片中的"悬念"手法都与易卜生有关；德国经典音乐剧《尼伯

---

[1] 王忠祥. 易卜生[M]. 北京：华夏出版社，2002：178.
[2] 参见蔡金特文学评论集[M]. 北京：人民文学出版社，1978：1-12.

龙根的指环》的作者威廉·理查德·瓦格纳也表示他很崇拜易卜生,他的音乐创作也受易卜生的影响。一个多世纪以来,易卜生戏剧也已经成为文学、哲学、心理学、生态学等领域的研究课题。所有这些都验证了易卜生创作的丰富性与开拓性,其作品的影响辐射到艺术的多个领域,具有强烈的现实意义与永恒的艺术魅力。正如瑞典戏剧专家马丁·拉曼在《论现代戏剧》一书中所说:"易卜生戏剧是现代戏剧的罗马;所有的道路都通向它……"①

易卜生的一生是光辉的一生、战斗的一生、创作的一生。正如歌德评价莎士比亚是"说不尽的"一样,易卜生留给人类的宝贵精神遗产也是"说不尽"的。对于戏剧大师易卜生和他戏剧的精华还需要我们更深入地研究和借鉴。

(撰稿:孙娟娟)

---

① 贝尔. 易卜生传[M]. 杜若洲,译. 台北:中华日报社,1982:186.

参考文献

丁扬忠. 哲理诗情象征——论易卜生象征主义戏剧 [J]. 中央戏剧学院学报, 2009（3）.

保罗约翰逊. 知识分子 [M]. 杨正润, 译. 北京：台海出版社, 2003.

胡适. 易卜生主义 [J]. 新青年, 1918（6）.

高国甫. 易卜生评论集 [M]. 北京：外语教学与研究出版社, 1982.

海默尔. 易卜生：艺术家之路 [M]. 石琴娥, 译. 北京：商务印书馆, 2007.

何成洲. 对话北欧经典：易卜生、斯特林与哈姆生 [M]. 北京：北京大学出版社, 2009.

李兵. 现代戏剧之父：易卜生心理现实主义剧作研究 [M]. 成都：四川大学出版社, 2009.

鲁迅. 鲁迅全集 [M]. 北京：人民文学出版社, 1956.

王忠祥. 易卜生 [M]. 北京：华夏出版社, 2002.

汪余礼. 双重自审与复象诗学：易卜生晚期戏剧新论 [M]. 北京：中国社会科学出版社, 2016.

王忠祥. 易卜生 [M]. 北京：华夏出版社, 2002.

易卜生. 易卜生文集 [M]. 多人, 译. 北京：人民文学出版社, 1995.

易卜生. 易卜生书信演讲集 [M]. 汪余礼, 戴丹妮, 译. 北京：人民文学出版社, 2012.

余上沅, 易卜生的艺术 [J]. 新月, 1928（1）.

张瑾. 易卜生戏剧中个人主义的不同表达方式 [D]. 上海：上海戏剧学院, 2011.

托尔斯泰

"亚斯纳亚·波利亚纳"俄语意为"明亮的空中林地",这里不像普通的俄罗斯庄园那样到处是连绵的平原,而是如其名一般拥有广袤的森林。将近 400 公顷茂密参天的百年大树遮天蔽日,蓝色羽毛的鸟儿在林间嬉戏,在收获的季节,苹果林里到处都是从农民家飘出的果酱香气。托尔斯泰的一生中有近 50 年的时光是在这里度过的。波利亚纳庄园代替他早逝的双亲给予了他童年缺失的温情,这里是不断召唤他归家的幻梦之地,是他出生与长眠之所,既是他的摇篮,也是他的茔苑。

这座小镇位于莫斯科以南 120 公里,坐落在以重工业著称的图拉省西南部。比起街上到处可见坦克与大炮实物展览的图拉,波利亚纳淳朴壮丽的自然风光宛若世外桃源。波利亚纳的树林掩映之间有一座 18 世纪风格的白色建筑,这便是托尔斯泰的故居。与广袤的庄园相比,这幢小楼略显狭窄,内部布置朴素,既没有贵族奢侈的装饰,也没有文人丰富的藏书。由地下室改建的书房是托尔斯泰写作的地方,这间不大的屋子墙上挂着他和农民一起劳作时的衣服和农具。在田间路上,我们仿佛能看到往日里托尔

托尔斯泰故居（俄罗斯庄园波利亚纳）

斯泰与庄园里的农民一同耕作的身影。

家园对托尔斯泰来说意义重大，每次离家对他而言都伴随着难熬的分别之苦和思乡之情。这片绿茵浓密的土地令他魂牵梦绕，是培养他善良品性的地方。

托尔斯泰童年时期经常和兄弟姐妹们玩"蚂蚁兄弟"的游戏，几个孩子躲在桌布下面过家家，仿佛在同一"屋檐"下那般相亲相爱。那时候大哥尼古拉编造了一个"绿色树枝"的故事：庄园里埋藏着绿色树枝，上面有使人类幸福的秘密，若有人能解开这个秘密，就不会再有任何人死去，不会再有疾病和战争，所有人都能获得永恒的幸福。这个孩子气的故事伴随了托尔斯泰一生，成为他终生不变的向往。

"托尔斯泰一死，俄罗斯人感到自己成了孤儿。"波利亚纳的工作人员安德烈曾这样对采访的记者说。我们至今仍可以在纪录片中看到托尔斯泰下葬时，长长的送葬队伍齐刷刷下跪的场面。俄罗斯人只跪拜信仰，托尔斯泰已然化身为那个时代的信仰。托尔斯泰的鸿篇巨制使得他化身文学的上帝，但同时他激进的政治态度也令他成为当时最锋芒毕露的思想家。托尔斯泰逝世后俄国各地均爆发了规模大小不一的革命,政府为避免掀起更大的革命热潮,故一度限制各家报纸刊发纪念托尔斯泰的文章。即使在今天,托尔斯泰对权威的蔑视、对贵族道德的唾弃、对农奴制的控诉、对俄罗斯体制的质疑和对博爱理想的不懈追求仍具有巨大的启示借鉴意义。

　　罗曼·罗兰在寄给傅雷的信中提倡一种"非武力的拒绝",这也正是托尔斯泰一向践行的原则。他口诛笔伐,试图以思想来拯救俄罗斯堕落的制度;他对农奴制深恶痛绝,终生受自己贵族身份的纠缠;他在庄园内开办农民学校,尽力维护农民的利益;他质疑圣彼得堡文人的伪善,不惜和屠格涅夫反目成仇;他亲自参与救灾工作,写文呼吁赈济灾民。托尔斯泰对博爱与和平的追求始终贯穿他的一生,虽然他一生都处在不断的心理斗争和自我怀疑中,但他对全人类的真挚之爱、对绝对之善的渴望从来没有改变过。

　　托尔斯泰,这样一位深受农民爱戴的庄园主,这样一位被其他贵族深恶痛绝的贵族老爷,这样一位一生都在为人民创作的伟大作家,这样

故居大门

一位在世之时让君主良心不安，百年之后仍令当局恐惧的思想家，从波利亚纳枝叶茂盛的森林，到阿斯塔波沃偏僻狭小的站台，他带着对全人类的深沉爱意缓缓向我们走来。

爱与叛逆

托尔斯泰的父母生育了五个孩子，创作"绿色树枝"童话的大儿子尼古拉是最受宠爱的一个，他温柔细腻，善于幻想，笃信宗教，性格中充满了基督徒的温情和善良。尼古拉曾在高加索当军官，与托尔斯泰一起奋战在前线，两人关系在兄弟们中最为亲密，托尔斯泰受他影响甚深。后来尼古拉患肺病去世，这一巨大打击动摇了托尔斯泰在爱与善方面的一切信念，他开始唾弃艺术。也是以尼古拉的死亡为肇端，托尔斯泰的创作开始由文学转向政论。

1851年，托尔斯泰跟随正在车臣服兵役的大哥尼古拉来到高加索。战争之余，车臣的生活百无聊赖，托尔斯泰的写作生涯也开始于此。使他名声大噪的作品《童年》于1851年秋在蒂弗里斯开始创作，并于1852年7月2日在高加索皮亚季戈尔斯克完成。这期间托尔斯泰卧病在床，暂停了上前线参战，漫长而闲暇的异地生活使得他开始怀念充满温情的庄园旧事。《童年》是他的处女作，与随后写就的《少年》《青年》一起构成了托尔斯泰前半生的自传。

《童年》中的主角伊尔倩耶夫聪明睿智，激情四射，内心敏感并且喜欢做自我分析，可以说是童年时期托尔斯泰的真实写照，但《童年》中关于家庭的温馨叙述与托尔斯泰的实际状况不同。托尔斯泰幼年丧母，对母亲几乎没有任何记忆，但是在小说里他用了极多笔墨描绘母亲的慈爱：温柔的声音、迷人的微笑、无微不至的呵护，这是他脑海里对缺失的母爱的想象性塑造。整个《童年》的写作似乎都是一种精神补偿，小主人公对爱与善的推崇是家庭不幸的托尔斯泰同样秉持的信念，但是这一小说也包含了青年托尔斯泰写作时对这些信念的质疑，以至于他在小说中这样发问:"只有童年时代才会有朝气蓬勃、心无杂念的心情,我们童年时对爱的向往和对信仰的坚定,在我们以后的人生岁月里真的还能拥有吗?当天真的喜悦和对爱的无限渴求——这两种崇高的美德——成为生命中仅有的愿望,我们的生命中,还会有比这更美妙的事物吗?那些衷心的祈祷现在在哪里?最珍贵的礼物——由情感激发的纯洁泪水——现在又在哪里呢?"[1]

从童年到少年,再到青年,是怎样的精神变故使得托尔斯泰开始质疑他曾笃信的一切?带着这一问题,我们继续跟着托尔斯泰的脚步继续了解他。

1840年,托尔斯泰父亲意外去世,五个孩子只好来到喀山与两个姑母一起生活。托尔斯泰1845年进入喀山大学读书,却因在课堂上画画、常年逃课、蔑视教授等种种恶劣行为被校方多次监禁。托尔斯泰第一年考入了东方语言系,后因学业考试不合格转入法律系,但法律系的课程他没有完成,最后也未能拿到大学学位。1862年托尔斯泰发表了《民众教育论》《写读教授法》《教化与教育》《教育之定义与进步》《师资论》等一系列与教育相关的文章,表达了他的教育观念。托尔斯泰认为学校是可笑的,真正的民众教育要在报纸、图书馆、街道、博物馆等"无意识的学校"中完成。托尔斯泰强调特权阶级没有任何资格将自己认定正确的观念强加给人民,大学永远无法培养"人类需要的人,而产生了堕落社会所需要的人:如官僚、官僚式的教授、官僚式的文学家,还有一些胡乱地从旧环境中驱逐出来的人——他们在少年时被溺爱,因此在社会上找不到他的位置,只能变成病态的、骄纵的自由主义者"[2]。

没有拿到学位的托尔斯泰从未因此感到遗憾,恰恰相反,他经常在各个场合颇为得意地宣称,他这辈子最幸运的就是余生从未再次与呆板

---

[1] 托尔斯泰. 童年·少年·青年[M]. 草婴,译. 上海:上海文艺出版社,2008:59.
[2] 罗兰. 名人传[M]. 傅雷,译. 南京:译林出版社,2010:232-233.

故居内景

的教育制度有任何瓜葛。的确如此,我们从这位眼神犀利、身材高大的作家笔下读出他桀骜不驯的叛逆秉性和喷薄而出的强烈热情,在某种程度上与他未曾过多接受当时僵化刻板的正统教育有关。

托尔斯泰在学校里是一个差等生,但这并不意味着他在思想上也是差等生。十四五岁时,托尔斯泰开始阅读卢梭的作品,从卢梭的道德哲学中托尔斯泰产生了对善与恶的最初思考,并且生发出对绝对善恶的质疑。少年时期的托尔斯泰自曝自弃,耽于社交与赌博,但幸运的是,这些经历也促使他开始反思人生的意义与价值。他在日记中忏悔自己的罪过,但在他看来周围的环境又不断迫使他堕落。他在《忏悔录》中写道:"我一心一意希望成为一个好人,但每当我准备一吐衷曲,说出我心中的愿望,表明自己想要做一个有道德的人的时候,我总是受到轻视和嘲笑;可是只要我自暴自弃,就受到赞扬和鼓励。虚荣心、权力欲、自私、淫念、骄傲、愤怒和报复心反而得到尊重。我如果像大人那样听任这些坏的情欲发展,我感到别人对我倒挺满意。"托尔斯泰在童年时期种下的爱与善良的种子,在少年时期不断受到堕落思想的侵蚀,这造成了他思想内部不可弥合的矛盾,使得他始终在自我唾弃与狂热自恋间徘徊。对爱的追求和叛逆的性格使托尔斯泰走上了一条不同寻常的求真之路。

时代史诗

1854年,俄国试图在地中海寻找立足之地,与土耳其发生了局部摩擦。英、法势力为维护自身利益也卷入了这场争斗,塞瓦斯托波尔——这个毗邻黑海的小小不冻港瞬间成了多方争夺的重地。托尔斯泰被调往多瑙河前线,参加了塞瓦斯托波尔围城战。这一时期,托尔斯泰创作了《塞瓦斯托波尔故事集》,这部作品为青年托尔斯泰赢得了很高的社会声誉。

《塞瓦斯托波尔故事集》中包含三个短篇随笔,但是这三篇文章的思想内涵却有很大的差异,某种程度上体现了托尔斯泰在战争中不断升级的思想斗争和心理矛盾。第一篇《1854年12月的塞瓦斯托波尔》是

故居一隅

一首激情昂扬的颂歌。托尔斯泰来到塞瓦斯托波尔后,在浴血奋战的士兵身上感受到了昂扬的爱国热情,深深体会到人民的牺牲精神与民族自信,青年人对建功立业的向往和报效祖国的满腔热血使得托尔斯泰写下了这豪迈动人的篇章。这篇文章使托尔斯泰在圣彼得堡一举成名。亚历珊德拉皇后被这篇文章感动得热泪盈眶,沙皇立即下令将这篇文章传至布鲁塞尔,翻译成法语以供外国人阅读。但随着战争愈演愈烈,托尔斯泰的民族情绪和爱国热情在第二篇《1855年5月的塞瓦斯托波尔》中却销声匿迹了。他在不断升级的暴力和随处可见的死亡中陷入沉思,并开始质疑战争的意义。战争"不是军容整齐的队伍、激昂的军乐、咚咚的战鼓、迎风飘扬的旗帜和跃马前进的将军,而是战争的真面目——流血、受难、死亡……"① 从对英雄主义的热烈赞颂,到对无谓牺牲的巨大质疑,托尔斯泰在战争中不得不面对善与恶、道德和罪孽、真实与虚伪这一系列问题。托尔斯泰后期区分了两种写作方法:从理智上去写称之为"从喉咙里唱歌",从感情上去写称之为"从胸腔里唱歌",托尔斯泰推崇后者,并在《艺术论》中强调作家要以真挚的感情感染读者,"真诚"正是他创作的首要原则。以此为信条,托尔斯泰在第二篇随笔中宣称整个战争的流血牺牲毫无意义,除了暴行之外一无所是。在高加索的战争经历和这期间创作的30余篇故事也成为托尔斯泰最负盛名之作——《战争与和平》的基石。

"我们时代最伟大的史诗,是近代的《伊利亚特》。"② 罗曼·罗兰如此称赞《战争与和平》。托尔斯泰把整个欧洲的历史变迁浓缩在几大家族、几个人物、几场战役的交织之中。我们如今捧起这部恢宏巨著,能够看到一个时代的复活,贵族晚宴上的杯碟和战场上扑面而来的硝烟,将我们拽入那古老的战争和悲壮的国难之中。托尔斯泰对和平的描绘大多来

---

① 托尔斯泰. 托尔斯泰中短篇小说选[M]. 草婴,译. 上海:上海译文出版社,1986:8.
② 罗兰. 名人传[M]. 傅雷,译. 南京:译林出版社,2010:239.

自自己的家庭生活，对战争的书写则结合了他自己在高加索前线浴血奋战的经历和俄罗斯历史上某些重大事件。博罗季诺之战在书中占据了整整250页的篇幅，托尔斯泰写作之时那场战役已经过去了50年，他疯狂收集那个时期的资料，甚至在1867年亲自到当年的战场进行实地考察。

《战争与和平》既是一部书写人类生死爱恨的时代史诗，也是一部描绘托尔斯泰内心世界的私密史诗。托尔斯泰在书中将500多个活灵活现、真实生动的角色呈现在我们面前，构建了一幅无与伦比的画面。这些角色都有托尔斯泰自己的影子，所以这部作品也可以看作托尔斯泰碎片化的自传。

尚武好战，却在杀掉被俘士兵时感到无尽痛苦的尼古拉·罗斯托夫是托尔斯泰高加索时期对战争态度发生变化的缩影。书中说到尼古拉一刀砍下，周围顿时响起一片叫好之声，但是他心中却满是不安与矛盾，从这一刻开始尼古拉意识到了战场上的血腥和荒谬，战争一无是处。从这一细节上我们领悟到了托尔斯泰在塞瓦斯托波尔战场上的深思，听到了他内心和平主义的呐喊。

娜塔莎·罗斯托夫是托尔斯泰笔下最受欢迎的女性角色之一，她是幸福与美好的代名词，是混乱时代中圣洁的救赎。人们常说托尔斯泰笔下的女性较之男性更富有生命力，娜塔莎正是其中的杰出代表。情窦初开、温情脉脉的少女，在遇到爱情矛盾时单纯的内心产生了巨大的罪恶感，理智的狂乱、灵魂的震颤、守护垂死爱人的神圣怜悯……美丽的娜塔莎体现着托尔斯泰内心对母亲形象的憧憬，与他在《童年》中描绘母亲温柔的笑容与声音一样，娜塔莎"会说话的"微笑和动听的声音也是他在《战争与和平》中着墨颇多的一部分。娜塔莎始终是一个坚定的乐观主义者："哪里有生活，哪里就有幸福。越往前去，它就越多、越多。"娜塔莎心中充满了对生活的热烈期望和对人类幸福始终不渝的追求，她的理想也暗含着托尔斯泰童年的向往和终生的追求。但是托尔斯泰的希望中潜藏着怀疑，怀疑里又渗透着希望，这种矛盾使得他格外偏爱娜塔莎这样一个纯粹乐观的角色，从这里我们也可以看到他对这种单纯快乐的理想主义的追求。

托尔斯泰在《战争与和平》中不断触及的和平主义信念在他之后的人生中一直伴随着他，这种拒绝暴力的政治理想也成为他之后写作的主题。

阿尔扎马斯之夜

1869年9月，托尔斯泰为处理田产事宜前往平扎省，中途在阿尔扎马斯过夜。托尔斯泰因旅途疲惫难以入眠，深夜的旅店房间内出奇地安静，窗外影影绰绰的树木摇曳如鬼影。他在给友人的信中这样写道："我在阿尔扎马斯过夜，突然产生了异乎寻常的念头。夜里两点钟，我苦恼、害怕、恐惧起来，这是我从未有过的感觉，出现了许多异乎寻常的思想……我坐了起来，吩咐套车。"

这就是著名的"阿尔扎马斯的恐怖"，它被视为托尔斯泰一生思想激变的前兆。《疯人笔记》这部带有深刻自传性质的随笔集展现了托尔斯泰创作中的死亡驱力。1868年秋至1869年夏，托尔斯泰开始对叔本华的哲学产生兴趣，叔本华的悲观主义和死亡哲学对他产生了巨大影响，贝奇科夫认为这种突如其来的恐怖正是一种对死亡的恐惧。托尔斯泰作品和日记中存在的矛盾思想在阿尔扎马斯喷薄而出，他开始惶惶不安，怀疑生存的意义与目的。

《安娜·卡列尼娜》便是他这一时期的作品。除了公认的托尔斯泰在书中的替身——列文之外，主角安娜和托尔斯泰也有诸多共同之处。"安娜很专注，但整个阅读索然无味，进入他人的生活与故事全无意义，她急着要活出自己。"托尔斯泰描写安娜在火车上看浪漫小说的这段话实则也在说他自己。这一时期，托尔斯泰开始在写作中极力还原现实生活，避免沉溺于浪漫幻想，这种对现实原则的推崇也是托尔斯泰后期创作从小说转向政论的原因之一。托尔斯泰在写作后期厌弃自己早期的作品，尤其是《童年》，他认为这种写作不够真诚，充满了虚假的幻梦想象，与之相对的，在《安娜·卡列尼娜》里却处处是托尔斯泰对现实深入骨髓的刻画。

《战争与和平》和《安娜·卡列尼娜》创作时间相差不过几年，但其间突发的阿尔扎马斯之变使得这二者之间差别极大，表达的思想内涵也大相径庭。与《战争与和平》结尾处的希望之光不同，《安娜·卡列尼娜》里充满了幻灭的希望和浓烈的厌世情绪。

《安娜·卡列尼娜》的故事在安娜与沃伦斯基、列文和基蒂两对恋人的爱恨交织中展开，书中的情节、人物、场景很多都是托尔斯泰从生活中信手拈来的。安娜是托尔斯泰笔下最具魅力的形象之一，其动人之处就在于她在爱情煎熬和律令压迫的双重痛苦之下的命运悲剧。安娜与卡列宁结成无爱婚姻，又在聚会上与沃伦斯基坠入爱河，但是在卡列宁的虚伪、沃伦斯基的冷漠自私面前逐渐陷入绝望，最终卧轨自杀。别尔嘉耶夫在《俄罗斯思想》中曾说俄罗斯民族是一个分裂的民族，充满了矛盾与断裂。在安娜身上，这种俄罗斯式的分裂体现在她本能与信仰的冲突上。安娜追求情欲的本能与人性回归的愿望同宗教律令和道德要求相悖，她不断坠入难以自持的强烈欲望中，又不断意识到自身的越轨违背了自己的信仰。她饱受情欲和愧疚的折磨，让我们不禁想起托尔斯泰在日记中对自己肉欲与虚荣的忏悔，安娜心中欲望与道德的冲突是托尔斯泰青年时期精神冲突的真实写照，在安娜的痛苦中我们窥见了托尔斯泰"阿尔扎马斯恐惧"的部分来源。安娜最终无法面对自己的精神痛苦，投身于列车轮下。"于是她一直点着用来读那本充满焦虑、欺骗、痛苦和邪恶的书的蜡烛，闪现出以前从未有过的耀眼光辉，给她把原先笼罩在黑暗中的一切照亮，紧接着蜡烛发出哔哔剥剥的声音，暗淡下去，永远熄灭了。"[①]

安娜展现了托尔斯泰内心的矛盾冲突，而列文这一角色则更多地表

[①] 托尔斯泰. 安娜·卡列尼娜[M]. 草婴，译. 上海：上海译文出版社，1990：612.

故居一隅

达了托尔斯泰的政治理想。列文是一个精神探索型人物，其精神发展分为两条线：一是他所专注的农业改革，二是他的家庭生活。列文身为贵族，却同情农民的遭遇，他梦想以利益共享来取代阶级仇视，试图用改革的办法进行不流血的革命。他与农民一起劳作，向他们建议合作经营，然而他的好意却受到了农民们的误解和敌视，这一部分表述在《复活》里聂赫留朵夫与农民的交涉中也能见到。列文的形象与经历来自托尔斯泰的现实生活，托尔斯泰通过列文表达自己对农民的同情和对无法抹消的阶级仇恨的苦恼，同时也借他之口说出自己对自身贵族身份的厌憎。列文厌恶贵族阶级的腐败与堕落，但是在他想要帮助的农民阶级那里却不被接纳。他与深爱的基蒂结婚，然而看似安稳的家庭在动荡的社会之中根本无法获得幸福。托尔斯泰明白，在一个封建没落的社会里个人是无法得到幸福的。列文不断陷入对人生意义的质疑和自我价值的怀疑里，面对自己刚刚出生的孩子，竟发出"如此脆弱的生命该怎样面对日后的苦难"这样的悲观感慨。他徒然翻阅着哲学书，时时担心自己会自杀，正像那时托尔斯泰身边不敢携带猎枪和绳子，害怕自己会自我了断一样。

小说结尾，托尔斯泰将列文交还给了自己童年所坚信的爱与善，把这一角色的结局交付给上帝与教会，这也暗示着托尔斯泰之后一段时期的精神状态。

《安娜·卡列尼娜》付梓之时托尔斯泰50岁，过了不惑之年的他却越发困惑于自身存在的意义。列文的结局仿佛是托尔斯泰对自己未来的预言，这位年过半百的作家也走进了教会，试图寻求内心的安宁。

完稿的同年夏天，托尔斯泰来到奥普京修道院朝圣，他在这里与宗教长者阿姆罗斯的谈话开启了托尔斯泰的宗教之旅。在皈依宗教的救赎下，托尔斯泰离开了自己的文学道路，投身于对灵魂、信仰和哲学的探求。但同时他蔑视权威、反抗律令的精神即使在宗教生活中也处处凸显。他反对俄罗斯东正教的教条，甚至重新翻译了福音书，翻译过程中把所有与他观念相悖的段落都删掉，这部删节版的福音书构成了托尔斯泰特有的宗教哲学。在教会生活期间托尔斯泰结识了身为农民的独立教徒康·修塔耶夫，并开始接受宗法制农民的信仰。他与农民们谈笑风生，与他们畅谈自己的和平主义理想，并穿着和他们一样的衣服一起在田间劳作。本身就对自己贵族身份非常不屑的托尔斯泰这一时期开始从行动上真正融入农民之中。

对许多作家来说，农奴解放只是一种政治诉求、一种形而上的理想。但是对庄园主托尔斯泰来讲，农奴的痛苦和悲惨境遇却是他触目可及的。托尔斯泰1894年曾回忆父亲刚去世时，庄园管家鞭打马车夫的事情，使年幼的托尔斯泰第一次萌生出对农民的同情和对人类境遇相差如此之大的疑惑。1881年托尔斯泰一家迁居莫斯科。在此生活期间，城市中随处可见的悬殊的贫富差距令托尔斯泰痛苦不已。他在希特罗夫市场和利亚平救济院中目睹了人们的贫穷和饥饿，外省来莫斯科谋生的农民们大多陷入了走投无路的悲惨境地。他想到自己奢侈的贵族生活，心中充满了悔恨："过着这种奢侈生活的我不但是罪行的纵容者，而且还是罪行的直接参与者。"① 他开始尽量简化自己的生活，减少仆役，缩小居住空间，送走大部分家具和马车，以寻求良心上的安宁。但这种节俭生活却令托尔斯泰的家庭十分不满，曾经帮他校对了无数书稿、对他创作给予无限支持的妻子索菲亚也难以理解托尔斯泰的做法，曾经幸福和睦的家庭如今充满了无休止的争吵。

托尔斯泰从他想要救济的农民那里遭到怀疑，从他想要依靠的家人那里得不到理解，他的痛苦和困惑在外部寻不到答案，于是他开始逐渐退缩回自己的内心世界，直至沉溺在不切实际的期许和不断失望的悲痛中。

凤凰涅槃

1883 年，托尔斯泰在 60 岁之时邂逅了他一生中最亲密的朋友——弗拉基米尔·契尔特科夫。至托尔斯泰去世，这 27 年间他们书信来往近千封，托尔斯泰书桌前至今还悬挂着契尔特科夫的照片。契尔特科夫致力于托尔斯泰作品的出版工作，为宣传其思想不断奔走，促进了托尔斯泰作品的翻译工作，使托尔斯泰的作品走出国门，托尔斯泰成为享誉世界的伟大作家。

在契尔特科夫的影响下，托尔斯泰加入了弃绝仪式派。弃绝仪式派是俄罗斯境内的一个和平主义团体，他们反对官方教会的教义和仪式，秉持"不抵抗"的律令，谴责政府对灾民的不作为。他们相信上帝不仅居于教堂那方寸之地，更存在于每个人的心中，只有人的肉体才是上帝长存之所。这些信念与托尔斯泰的观点十分相近，在接受弃绝仪式派信念的同时，托尔斯泰对这一团体也产生了巨大的影响：他用自身经历和实际行动使他们相信，在生命的任何时刻，人都可以对人生有全新的认

---

① 托尔斯泰. 列夫·托尔斯泰文集（第十五卷：政论、宗教论著）[M]. 宋大图，译. 北京：人民文学出版社，2000：77.

知,都可以改变自己的生活方式。《复活》就是以这一信念为主题的作品。

《复活》可以算是托尔斯泰艺术上的遗嘱,是他暮年时期创作的巅峰之作。这部作品中,贵族青年聂赫留朵夫引诱女仆玛丝洛娃,在她怀孕之后却抛弃了她。后来聂赫留朵夫以陪审团身份出席审判,遇到了被指控谋财害命、沦为妓女的玛丝洛娃。他深受良心谴责,为她申冤并向她求婚,希望弥补自己的罪过,上诉失败后聂赫留朵夫陪玛丝洛娃流放西伯利亚。

这部作品与之前使托尔斯泰名声大噪的《战争与和平》《安娜·卡列尼娜》差别甚大。他尽量减少书中的抒情成分,不再使用从生活中信手拈来的场景,而是试图去描绘一个自己完全不熟悉的领域,并且其中有宿命论的意味,这种宿命压迫着受难者和施虐者,整个社会的荒谬使得个人不管是何种身份地位都会感受到无限的痛苦。

聂赫留朵夫是一个寄寓着托尔斯泰思想苦闷与解脱愿望的角色,他从纯真善良到纵欲堕落,最后从宗教忏悔之中走向复活,这三个阶段基本上暗合了托尔斯泰半生的思想发展——从童年对爱与善的笃定,到战

故居池水

争后对人生意义的质疑，最后到从宗教中寻找灵魂的价值——聂赫留朵夫在道德自我完善的过程中获得了新生，而托尔斯泰也试图在《复活》的创作中寻找新的自我。

从艺术角度来看，《复活》实际上并不如他前两部举世闻名的作品，因为托尔斯泰的创作动机与之前完全不同。弃绝仪式派因拒绝为沙皇作战而面临着被判刑的危险，托尔斯泰为了保护组织内的成员而需要一大笔款项资助他们逃往加拿大，《复活》正是为筹款而作。宗教对托尔斯泰的影响在《复活》中是最为明显的，托尔斯泰在书中对教会极尽嘲讽之能事，他抨击教义，反对神职人员和无谓仪式，但是又热烈地宣扬宗教道德。弃绝仪式派的信条和托尔斯泰的和平、博爱精神在这里合二为一并发挥到了极致。

《复活》中聂赫留朵夫对农民的关注与同情在现实中被托尔斯泰付诸行动。19世纪90年代初，俄罗斯爆发了大规模的饥荒，托尔斯泰写下令俄罗斯当局震颤的《论饥荒》一文，并深入灾民之中，主动管理救灾工作，光是他名下的食堂就有246个，有13000人在这些食堂就餐，另外还有124个儿童食堂，接纳了近3000个饥饿的孩子。

《复活》是对俄罗斯司法审判制度的猛烈一击，托尔斯泰在书中不断质疑究竟是什么使得这一套判决系统大行其道，使得无辜人民锒铛入狱，饱受酷刑。托尔斯泰不停追问着什么是道德、什么是价值、什么是正确、什么是错误。

1901年2月，托尔斯泰因《复活》的出版被逐出教会，圣彼得堡的大主教在祭坛上宣布："托尔斯泰伯爵，受其高傲的智能之蛊惑，将我主赐予他的文学能力与才能，用于散布反基督反教会的学说，在世人头脑与心灵之中破坏他们的民族信仰。"而此时在卢比扬卡广场散步的托尔斯泰却被对教会决定不满的抗议者和他的崇拜者簇拥着，人们围着他不断欢呼雀跃。托尔斯泰站在沙皇政府的对立面，站在贵族阶级的对立面，站在教会律令的对立面，永远同人民站在一起。

绿色树枝

直至 1917 年革命之前，俄罗斯政坛都噤若寒蝉，然而始终有托尔斯泰这样一个声音毫无畏惧地痛斥沙皇体制的罪恶与不公，始终有这样一支笔不遗余力地书写农民的悲惨境遇。托尔斯泰 40 岁之前，一直将文学创作作为自己的首要任务，而主宰他人生后 40 年的则是对体制的控诉、对统治者的斥责和对底层人民深切的关怀。在封闭堕落的沙皇统治之下，托尔斯泰心中始终坚守着一个愿望：解开"绿色树枝"的秘密。

1910 年 11 月托尔斯泰在无数崇拜者来信中读到了人们对他的期望，他决定践行自己的原则，完全放弃贵族的身份。11 月 10 日，一个寒风凛冽的清晨，一辆简朴的四轮马车悄悄驶出了波利亚纳庄园，车上仅有两位乘客：82 岁高龄的托尔斯泰和他的朋友兼医生马科维茨基。托尔斯泰悄无声息地离开庄园，但乘上火车后却开始对整个车厢的人演讲，大谈自己的和平主义理想，这位年逾古稀的老人依然对乌托邦充满了热情。

舟车劳顿下这位老人终于病倒了，因无法再继续乘车，他们就近在阿斯塔波沃车站停止了旅行。心怀敬意的站长将一整栋房子借给了托尔斯泰，而托尔斯泰却再也没能从房间里走出来。

11 月 20 日，托尔斯泰于阿斯塔波沃车站猝然长逝。这个名不见经传、只有一趟通往莫斯科的火车的小镇，在 1910 年 11 月的最后一周占据了几百份报纸的头版头条，收到了 1000 多封来自世界各地询问托尔斯泰状况的电报。1939 年阿斯塔波沃镇更名为"列夫·托尔斯泰镇"。

11 月 22 日，托尔斯泰的遗体被送回亚斯纳亚·波利亚纳庄园。根据他的遗嘱，坟墓不立墓碑，不做装饰。托尔斯泰沉睡在高大参天的杉树与桦木之间，坟丘上连十字架都没有，甚至没有任何墓地标识，只有一块上面写着"静地"的木牌。

托尔斯泰没有葬入家族墓地，而是长眠于庄园内的扎卡斯峡谷中，

故居树林

那个童年时期尼古拉所说的藏有绿色树枝的地方：绿色树枝上有使人类幸福的秘密，若有人能解开这个秘密，就不会再有人死去，不会再有疾病和战争，所有人都能获得永恒的幸福。

托尔斯泰从文学转向政论的行为令许多艺术家惋惜不已，屠格涅夫在临终前给托尔斯泰的信里曾说："我想向你提出最后的、真诚的请求。我的朋友，回到文学活动上来吧！"特·伏葛在《托尔斯泰研究》末尾对托尔斯泰着农民衣服的肖像感慨道："杰出的巨匠，你的工具不在这里！……我们的工具是笔；我们的园地是人类的心魂，它是亦应该受人照拂与抚育的。"

托尔斯泰在《我信仰的寄托》中回应道："我相信我的生命，我的理智，我的光明，只是为烛照人类而秉有的。我相信我对于真理的认识，是用以达到这目标的才能，这才能是一种火，但它只有在燃烧的时候才是火。我相信我的生命的唯一的意义是生活在我内心的光明中，把它在人类面前擎得高高的使他们能够看到。"托尔斯泰的艺术之火从未被他的政治关注和切实行动摧折，与之相反，正是他这种烛照人类的伟大理想、他对底层人民的深切同情、他对贫富差距悬殊的社会的悲叹斥责、他对人类命运的不断追问，点燃了他的艺术之烛，使之堪比日月光辉，长明于所有对幸福抱有希望的人们心中。

托尔斯泰一生与权威斗争，与社会斗争，与家庭斗争，与自我斗争。他的抵抗精神和他内心的矛盾将他推上抗争之路。他歌颂过战士，也指责过战争；他忠于上帝，又讽刺教会，托尔斯泰似乎不停地在变化，但实际上他并没有变，他仍是那个和哥哥一起寻觅人类幸福之路的孩子。

托尔斯泰从未放弃过"蚂蚁兄弟"相亲相爱的理想,这一理想最终内化于全人类相互依傍的广阔苍穹。

(撰稿:周思妤)

参考文献

罗兰. 名人传[M]. 傅雷,译. 南京:译林出版社,2010.

托尔斯泰. 托尔斯泰中短篇小说选[M]. 草婴,译. 上海:上海译文出版社,1986.

托尔斯泰. 安娜·卡列尼娜[M]. 草婴,译. 上海:上海译文出版社,1990.

托尔斯泰. 列夫·托尔斯泰文集(第十五卷:政论、宗教论著)[M]. 宋大图,译. 北京:人民文学出版社,2000.

托尔斯泰. 战争与和平[M]. 草婴,译. 上海:上海译文出版社,2007.

托尔斯泰. 童年·少年·青年[M]. 草婴,译. 上海:上海文艺出版社,2008.

托尔斯泰. 复活[M]. 草婴,译. 上海:上海译文出版社,2008.